孙虹烨 著

最强大脑之魔方圣境

魔方机器人孙虹烨的魔方秘笈

电子工业出版社
Publishing House of Electronics Industry
北京·BEIJING

内容简介

本书由《最强大脑》第二季/第三季人气选手、魔方王子、跟谁学明星导师孙虹烨倾力打造，更有《最强大脑》诸多选手倾情力荐。扫描书中二维码，即可观看演示视频，包含三阶魔方复原视频、转动手法演示等。永别了，复杂的魔方公式和口诀！若看完这本书还学不会魔方，就没人能帮你了！

本书通过 5 部分进行讲解：首先讲述孙虹烨从接触魔方到创立自己的魔方品牌等心路历程，以及玩魔方带给我们的诸多好处；然后对三阶魔方的入门玩法进行详细叙述，通过一个简单的手法即可让每一位读者都能学会复原魔方。在介绍了入门方法之后还介绍了三阶魔方的提高方法、二阶/四阶/金字塔/斜转魔方/五魔方的复原方法；最后介绍了学会三阶魔方后可以无师自通的魔方，以及魔方的花样玩法，让大家在学会各种魔方复原方法的同时，拓宽视野。

本书适合所有想学习魔方复原的小伙伴阅读。通过 730 张立体魔方图的详细演示，使你在"玩"魔方的过程中事半功倍。这不仅仅是玩具，更是脑力的较量。聪明的小伙伴们，赶快行动起来吧！

未经许可，不得以任何方式复制或抄袭本书之部分或全部内容。
版权所有，侵权必究。

图书在版编目（CIP）数据

最强大脑之魔方圣境：魔方机器人孙虹烨的魔方秘笈 / 孙虹烨著 .—北京：电子工业出版社，2016.9
ISBN 978-7-121-29695-6

Ⅰ.①最… Ⅱ.①孙… Ⅲ.①智力游戏 Ⅳ.① G898.2

中国版本图书馆 CIP 数据核字（2016）第 189529 号

策划编辑：张　楠
责任编辑：张　楠
印　　刷：天津千鹤文化传播有限公司
装　　订：天津千鹤文化传播有限公司
出版发行：电子工业出版社
　　　　　北京市海淀区万寿路 173 信箱　　邮编：100036
开　　本：720×1000　1/16　印张：10　字数：171 千字
版　　次：2016 年 9 月第 1 版
印　　次：2022 年 8 月第 12 次印刷
定　　价：49.00 元

凡所购买电子工业出版社图书有缺损问题，请向购买书店调换。若书店售缺，请与本社发行部联系，联系及邮购电话：(010)88254888，88258888。
质量投诉请发邮件至 zlts@phei.com.cn，盗版侵权举报请发邮件至 dbqq@phei.com.cn。
本书咨询联系方式：(010)88254579。

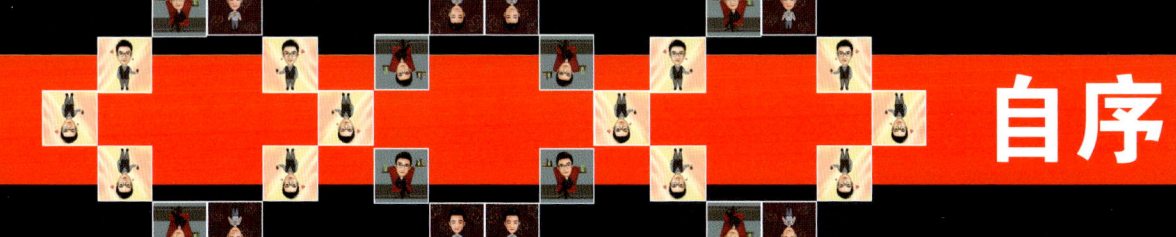

自序

如果你做的事情毫不费力，那么就毫无意义
——从人生"loser"到一战成名

我从小就不是一个听话的孩子，用现在流行的北京话讲：一旋儿横，两旋儿宁（nìng），三旋儿打架不要命。而我脑袋上就有正正的两个旋儿。我从来没有见过它们，但是每次理发的师傅都会惊叹："两个旋儿长得好正啊！"唯一可以证明理发师傅没有骗我的证据就是每次留长头发的时候，都会有几根头发永远耸立，自带头上长草技能，也称为天线宝宝。

人是一种很有意思的生物，名字暴露性格，长相暴露性格，说的多了性格也就变成所说的样子（星座就是最好的例子）。头上的几根草、两个旋儿就真的宁（nìng）起来了，所以我决定了的事情就休想再改变。从小到大，大大小小的事情自己做决定的也不少，例如，高考志愿不顾老师、家长反对，选了自己最喜欢但是提档分数比实际成绩高一点的学校，结果落榜了；大学谈了一个女朋友，周围的朋友没有一个看好的，好了四年半，结果分手了；中外PK赛遇到日本大神，不顾圈内朋友劝阻还是上了，结果败北了。

各位看客看到这儿也许就会笑了，果然是彻头彻尾的loser。但是抱歉，让您失望了。二十多年来，我从来没有一刻觉得自己是一个loser。因为我有选择性记忆障碍，所有成功或者失败，我都选择忘记。一个人越炫耀什么，内心就越缺什么。跟别人吹牛给我带来的满足感还不如吃一串大腰子来得实在。相反，我更愿意跟大家分享我少有的几次失败经历，可以让大家引以为戒，不要重蹈覆辙，物以稀为贵嘛。正能量满满，有没有？所谓的自信，就是把赤裸裸的不自信摊开给别人看。当然现实情况告诉我这个病还是不太好，得治！

转回到2015年1月份，我首次录制《最强大脑》的前一夜，导演在宾馆房间里给我做最后的"指导"。节目组当时给我的定位是一个人生loser，彻彻底底的失败者形象。当时应该是我人生的最低谷，准备两年签证都被拒签，女朋友与我分手，整天在北京郊区脱产学习编程。大家脑补一下我当时的情景，一幅犀利哥的画面油然而生。但是恰恰相反，那几个月是我过得非常开心的时光：首先自己出去租房住，所有生活全部自理；出国本来是去学数学，留在国内又捡起了计算机的老本行，我从小学三年级开始学习计算机编程，编程功底不亚于魔方；办了我人生第一张健身卡，也就是在那几个月里减了将近20斤的体重。人到了谷底，无论向哪个方向走都是上升，大家说是吧？

所以当导演见到我的状态时都惊呆了，哪有这么喜庆的loser？真人秀节目贵在一个"真"字，所以导演当机立断，我就化身为"没关系先生"，也就是大家在节目中所看到的我。但是谁知道，我的"没关系"之路就此开始了：首先，中日大战以微弱差距输给日本选手郡司光贵；其次，孟非爷爷赞助我参加巴西世界锦标赛但无功而返；还有第三季《最强大脑》队长PK赛中以5秒的差距输给贾立平……

但是这些都只是结果，重要的东西是用眼睛看不到的，要用心去感受：中日大赛，很明显日本选手的三阶部分比我快很多，而一些高难度的异形魔方我却占优势，所以如果增加一两个异形魔方，可能结果就会不一样。为了准备国际 PK 赛，我在南京整整训练了一个月没有回家，乃至之后再去南京录制《最强大脑》第三季的时候，宾馆做早点的阿姨仍然认识我。我很感谢这一个月的时间，让我痛痛快快、任性地玩了一个月的魔方，估计这样的机会再也不会有了。

　　再说我去巴西的事件，也被各大媒体炒得沸沸扬扬，但是又有谁知道，我去巴西的比赛重点放在了盲拧上。因为年纪已大（虽然还是小鲜肉，90 后），手指的速度毕竟比不过小孩子，所以与其拼死拼活地在速拧上耗费精力，不如学习一些新的项目，尝试一些新的领域。特别是跟各位"最强大脑们"探讨过记忆法以后，发现盲拧领域还是一片蓝海，存在很大提升空间。在这次比赛中，我看到了差距，但是更看到了希望。如果没有巴西世界锦标赛的这次尝试，也不会有《最强大脑》第三季时高难度的项目挑战。在此特别感谢孟非爷爷的资助，相信不久的将来，一定可以看到回报。

　　最后谈谈《最强大脑》第三季中的《魔方画中画》项目，就像"表叔"贾立平所说："今天没有失败者。"极客都有挑战不可能的自虐心理，我们一直在追求一种极致，寻找一种极限。从第一季的水下盲拧魔方，到第二季的异形魔方大战，这些看似惊艳的表演却一直没有让我们满足。直到看到这个项目以后，好像才找到了心中的答案：1044 个魔方，9396 个色块，记忆，盲拧。虽然我们"完成"了这次挑战，但是直到现在为止，我们仍然没有找到一个满意的解法。高手在民间，也希望大家可以集思广益，不吝赐教。在做这个项目之前，我真的不认为有什么事情是"难"的，天下无难事，只怕有心人。但是这次，如果有人再跟我聊起这个项目，我也只会一笑而过。

如果一个人被所有人理解，那么他该有多平凡。

好友郑才千说过这样一段话："在遇到新的挑战时，如果你能够承受失败的后果，那么你就应该勇往直前接受挑战。如果只做自己擅长的事情，一次次重复没有意义的胜利，这样的人与机器有何区别？人生就应该活得更精彩！"

一个项目的成功率超过50%，丝毫没有挑战，我是不会去做的。以我现在的年龄，成长比成功更重要。

最怕人生变成一场秀，我漫不经心地演绎，台下随意附和；最怕一些虚无的光环、荣耀附加在我身上，我却没有强大的内心承载；最怕最终我活在别人的目光里、口水里，丧失了自我，所以说这些失利见证着我一步步成长，让我有了方向，并且更加坚定。试想一下，要是当初赢了中日PK赛，现在会是什么样子？不敢想象，一切都是上天最好的安排。

感谢《最强大脑》节目组，感谢孟非爷爷，感谢上天让我认识了你们所有人。

我过得很好，大家不用担心，现在的我有了自己的公司，有了自己的"孙虹烨魔方"品牌，很幸运有很多朋友跟我一起创业，很高兴也有一群朋友陪我烤大腰子。请问，人生 loser 是这个样子吗？

我会将这份正能量永远传递下去。《最强大脑》让大家认识了我，我让大家重新认识了魔方。我坚信，中国会有越来越多的孩子因为我而爱上魔方这项运动，我也会不遗余力地把魔方事业推广开来。相信有一天，我们会有自己的魔方国家队去参加魔方世界锦标赛；相信有一天，我们会举办自己的魔方世界锦标赛。今年在中国，会有几件大事儿发生，相信到时候大家都会看到。总之，大家不会听我怎么说，而是看我怎么做！

咱们约好，到时候见！

孙虹烨

2016 年 7 月

孙虹烨个人经历

2010 年 9 月：在大学创建魔方社团

2015 年 2 月：参加江苏卫视《最强大脑》第二季录制

2015 年：在巴西魔方世界锦标赛中获得中国队第一的成绩

2015 年 8 月：创立北京脑力魔方科技发展有限公司任 CEO

2015 年 10 月：成为"宝岛科技"品牌代言人

2015 年 11 月：创立"孙虹烨魔方"品牌

2015 年 12 月：参加江苏卫视《最强大脑》第三季录制

2016 年 2 月：参加江苏卫视《缘来非诚勿扰》录制

2016 年 5 月：参加深圳卫视《合伙中国人》录制

2016 年 5 月：获得"亚洲超体大赛"宣传大使称号

三阶魔方学习思维导图

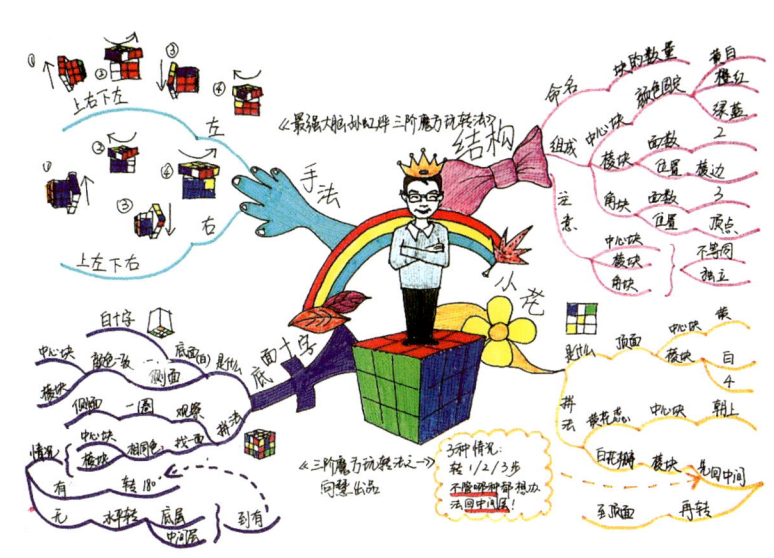

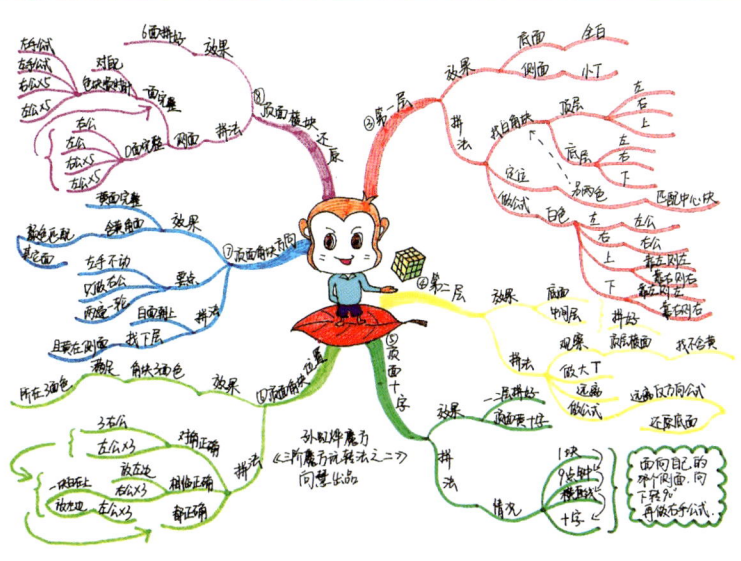

❶ 参加"做自己"论坛，分享《玩是最高级别的学习》主题演讲
❷ 果壳晚会打出由 3000 块魔方组成的"科技让生活更美好"拼图
❸ 青岛粉丝见面会，凯德室外大屏幕打出海报
❹ 参加《头牌盛宴》演讲
❺ 参加北京展览馆音乐节《名师讲坛》
❻ 2016 年二度瘦身成功后的平面照
❼ 录制深圳卫视《合伙中国人》
❽ 录制江苏卫视《缘来非诚勿扰》
❾ 大连唯一魔方微电影《最强少年》剧照
❿ 与教育界泰斗陶西平老师合照
⓫ 线下魔方分享会
⓬ 参加 2015 年巴西世界魔方世锦赛

目录

第一部分　小魔方大世界

第一章　我和魔方的故事 ／ 002

第一节　18 岁生日，我与魔方结缘 ／ 002

第二节　事实证明：无论多晚拿起魔方都不晚 ／ 005

第三节　从《最强大脑》的观众到选手 ／ 007

第四节　我为什么要创业做魔方 ／ 009

第五节　魔方是颠覆三观的三全神器 ／ 013

第六节　玩魔方的好处：我们为什么要玩魔方 ／ 016

第二部分　三阶魔方解法

第二章　三阶魔方基础复原 ／ 024

第一节　距离魔方复原仅有咫尺之遥 ／ 024

第二节　魔方的结构 ／ 025

第三节　第一步：小花（白色棱块方向） ／ 029

第四节　第二步：十字（白色棱块位置） ／ 036

第五节　复原手法 ／ 037

第六节　第三步：第一层（白色角块）／ 043

第七节　第四步：第二层（第二层的棱块）／ 048

第八节　第五步：顶面十字（顶面棱块方向）／ 052

第九节　第六步：顶面角块位置 ／ 054

第十节　第七步：顶面角块方向 ／ 056

第十一节　第八步：顶面棱块位置 ／ 058

第三章　三阶魔方轻松提速 ／ 060

第一节　一分钟看懂魔方公式：不会看公式的 Cuber 不是好老师 ／ 060

第二节　提速攻略 —— 一条公式轻松提速 60 秒之顺三角换的应用 ／ 065

第三节　逆公式的运用 ／ 069

第四节　提速小技巧 ／ 072

第五节　没有失误就是最快速度，观察快才是拼魔方的王道 ／ 074

第三部分　二阶魔方解法

第四章　二阶魔方 ／ 080

第一节　拨开二阶魔方的种种谜团 ／ 080

第二节　有三阶基础的二阶魔方复原方法 ／ 082

第三节　无三阶基础的二阶魔方复原方法 ／ 088

第四节　二阶魔方碎碎念 ／ 091

第四部分　高阶魔方解法

第五章　四阶魔方 / 094
第一节　高阶魔方复原方法概述 / 094
第二节　四阶魔方复原方法 / 095
第三节　合并中心块 / 097
第四节　合并棱块 / 103
第五节　三阶部分复原和特殊情况的处理 / 108

第五部分　异形魔方解法

第六章　金字塔魔方 / 114
第一节　金字塔魔方的结构 / 114
第二节　金字塔魔方第一步：角块 / 116
第三节　金字塔魔方第二步：三脚架 / 117
第四节　金字塔魔方第三步：第一层 / 118
第五节　金字塔魔方第四步：复原 / 121

第七章　斜转魔方 / 122
第一节　斜转魔方的转动原理 / 122
第二节　斜转魔方第一步：第一层 / 123
第三节　斜转魔方第二步：顶面角块 / 126
第四节　斜转魔方第三步：中心块位置 / 127

第八章　五魔方　/　129

　　　　第一节　五魔方第一步：底层五角星　/　130

　　　　第二节　五魔方第二步：第一层　/　130

　　　　第三节　五魔方第三步：第二层　/　131

　　　　第四节　五魔方第四步：顶面五角星　/　134

　　　　第五节　五魔方第五步：顶面棱块位置　/　135

　　　　第六节　五魔方第六步：顶面角块方向　/　137

　　　　第七节　五魔方第七步：顶面角块位置　/　138

附录一　学完三阶后可以无师自通的魔方　/　140

附录二　三阶魔方花样玩法　/　141

后　　记　/　144

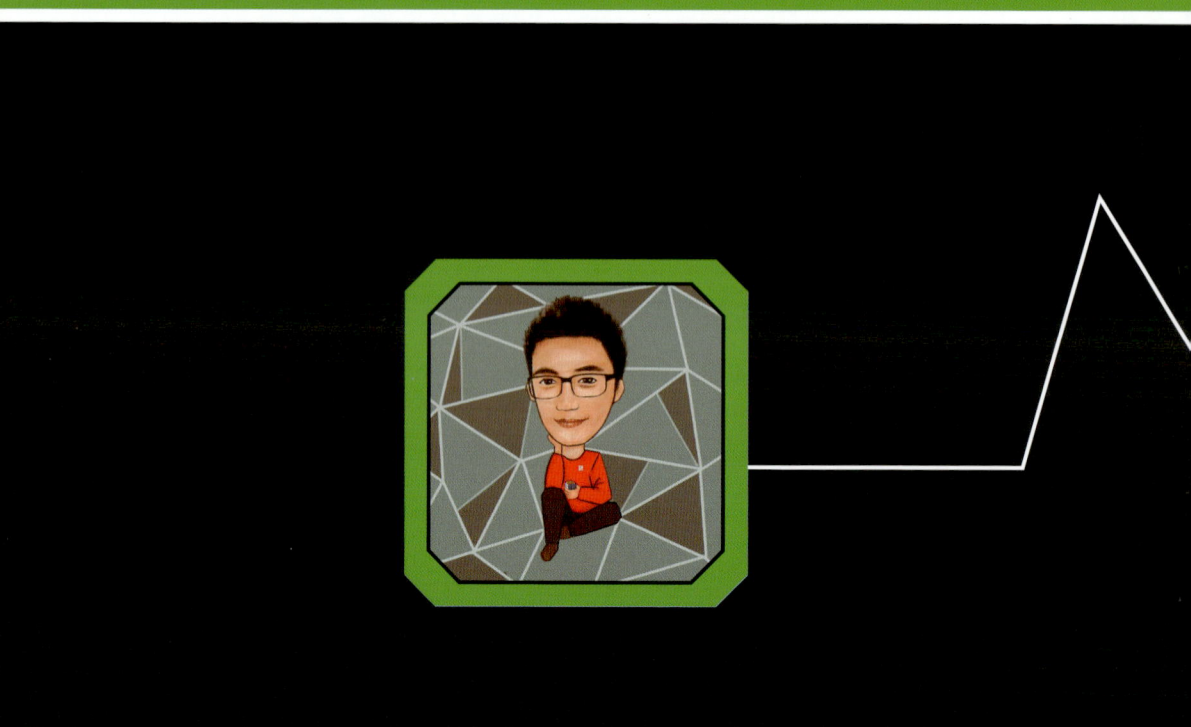

第一部分

小魔方大世界

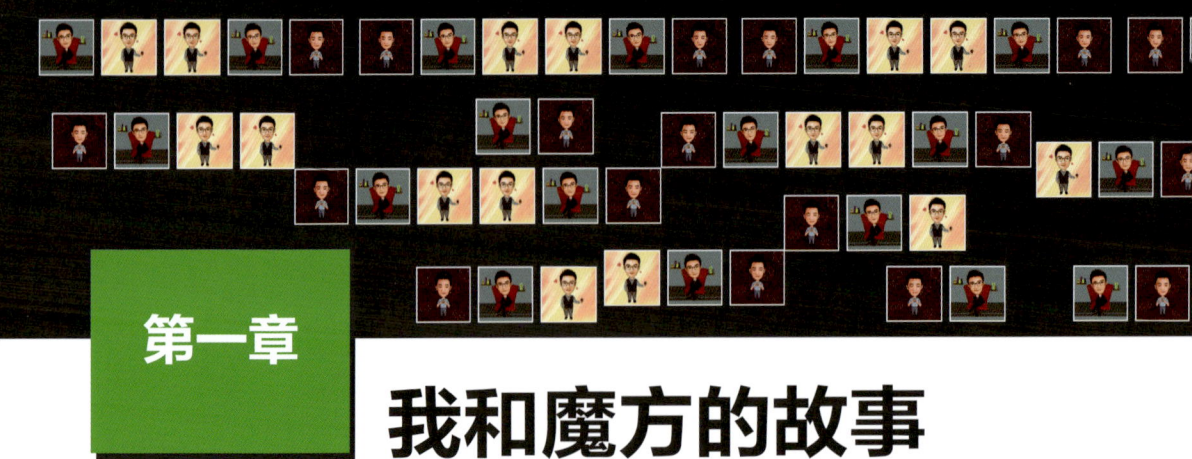

第一章

我和魔方的故事

第一节　18 岁生日，我与魔方结缘

其实大家问我最多的问题不是"魔方怎么玩啊？能不能教教我？"而是"你是不是从小就玩魔方啊？为什么要玩魔方？"但是我的答案好像出乎所有人的意料：我是 2009 年 6 月 9 日那天才开始玩魔方的。大家在惊讶我竟然那么大了才开始玩魔方之余，对于 6 月 9 日这个让我没齿难忘的日期也十分好奇。这一天并不是我的生日，故事到底是怎样的呢？请听我娓娓道来。

18 岁，好像对于每个人而言都有特殊的意义。其实我之前一直都不理解，18 岁不就是个数字嘛，也就是所谓的"成人"了，但是对于我们这些在象牙塔里待了十多年而且还要待更久的乖孩子来说，根本没有什么区别，也不理解为什么高中要举办成人典礼，邀请家长一起煽情，纪念我们一去不复返的青春。虽然不理解，但是似乎老师、家长地不停"唠叨"，赋予了 18 岁一些特殊的含义。我在 18 岁生日那天发生的事情给我的生命留下了一抹浓重的印记。

记得 18 岁生日那天，和两个最好的哥们儿一起聚会，在回学校的路上经过一家文具店，而且鬼使神差地走了进去。大家都知道，学校边上的小店最爱销售一些女生喜欢的小饰品、小礼物啊，从来不逛商店的我那天不知道中了什么邪，竟然走了进去，好像在接受时代的召唤。当我从商店走出来的时候，手里就多了我人生中的第一个魔方。

其实现在回想起来，当时买魔方的原因可能有以下几点：

首先，过生日嘛，平时再拮据也要给自己买个小礼物，花钱的时候总能找到十分充足的理由。

其次，当时学校里刮起了一股魔方热，大家可能也会有体会，魔方热真的是一阵儿一阵儿的，可能刚开始只是班里的一位同学在玩，不久之后整个学校都会跟着玩，比禽流感传播还快。尤其是压力最大的高三，大家总会找各种各样的东西来调节情绪。通过和一些玩魔方的朋友交流发现，不少人是从高三时开始玩的，由此看来，魔方真的是减压神器啊！当时在学校里魔方风靡到什么程度呢？整个数学组老师带着大家一起玩，只要一进数学办公室，每个数学老师桌上必有一个魔方，年级组长还为我们举办魔方比赛。当然，我当时是以学业为重的"好学生"，所以并没有参与其中。

最后一点原因呢，是我家里正好有一本我爸爸收藏的武功秘籍：《如何复原魔方》，一本泛黄的老书，有七八十页厚。我回到家里就迫不及待地看了起来。然而并没有学会，因为里面的方法实在是太难懂了，分类讨论的情况、需要记忆的公式太多，我反复学了三四次才能勉强复原。又经过一段时间练习，才可以不看书独立复原六个面。那些痛苦的学习过程我选择忘记，别忘了我有选择性记忆障碍。现在只记得第一次复原魔方时，那种无与伦比的成就感！当然我现在又找到了新的目标，就是让更多的人体验到魔方的乐趣:小魔方大世界,分享快乐传递爱。这就是后话了，咱们稍后再提。

谁知道这一学就一发不可收拾了，当时正值高三，是学习最紧张的时候，我只把魔方放在宿舍里，写作业累了转一转。但正是这每天仅有的练习时间让我的魔方技艺突飞猛进，很快达到1分钟左右复原的水平。其实一开始玩魔方时只想着会复原就可以了，但是慢慢达到 1 分钟时就想能不能再快点；到了 30 秒就想能不能进 20 秒；到了 20 秒就想能不能进 10 秒……魔方真的是一个"大坑"，不知不觉就深陷其中。但是，魔方的魅力也在于此：不断超越自己，永无止境。

打个比方

我们经常会拿嗑瓜子和吃核桃进行比喻：为什么嗑瓜子的人要比吃核桃的人多？并不是因为瓜子比核桃好吃，而是因为嗑瓜子时，每嗑一个就会吃到一个瓜子，每嗑一个都会有一个奖励。而核桃相对来说就复杂得多，不仅打开核桃需要工具，而且费半天劲儿也吃不到多少肉，所以魔方就类似于嗑瓜子，每复原一次就有一次成功体验（内心满足），慢慢地，速度就快了，慢慢地，也就不能自拔了。

基本上，1 分钟就是我当时初级玩法的瓶颈了，所以为了更快复原、突破自己，我开始在贴吧、论坛里寻找相关的技术帖，想看看顶级高手是怎么玩魔方的。当时查到了现在我用的高级方法：CFOP。这套方法因为当初理解有限，身边也没有朋友懂，所以被传得神乎其神：整套方法总共有 119 个公式，每个公式都有自己的形态，学会以后，可以拧进 20 秒的水平。其实看到这些信息时，我内心是崩溃的，因为一个人怎么可能同时记下那么多的公式，并且运用自如呢？当时还有一个有趣的称呼——全公式选手，就是形容那些把所有（119 条）公式都记下来的"大神"。但是现在看来，学习这些公式都是有方法、顺序的，具体的方法会在我后面的教程里进行介绍，只要按照我的方法来学习，只需要 15 天，整套高级方法的公式都可以记下来。可见一个好的老师和正确引导是多么重要！所以当时的心情是一边崩溃着，一边备战高考，但是心里却暗自下定决心：高考以后，一定要好好玩一玩魔方。所以大家现在知道了，2009 年 6 月 9 日是我高考结束的第一天，当时我还特意在人人网发了一个状态，纪念我正式"入魔"。虽然这条状态已经无从考证，但是这个日期却牢牢记在了心里：魔界，I am coming！

第二节　事实证明：无论多晚拿起魔方都不晚

从 2009 年 6 月 9 日那天起，我就进入了魔方这个"大坑"。

高中毕业的那个假期，应该是每个中国孩子最"疯狂"的假期了。12 年的寒窗苦读好像就是为了这一刻的到来。但是当时的孩子（包括我自己）并不知道，那是一生中少有的幸福时光，各种各样的娱乐活动充斥着每个高中毕业生的生活，但是我做了什么呢？我好像失忆了，因为除了玩魔方，其他的好像什么都没做。我只记得我花了两个月的时间背完了 CFOP 的所有公式。虽然现在看来两个月的时间真的太久了（其实好多魔友玩了好几年魔方依然没有记全）。但是背完所有公式那一刻的感觉我现在还记得，竟然比高考结束的那一刻还要轻松，感觉新的人生开始了！但是后来发现这 119 个公式仅仅是开始，就好像学英文，我们需要把常用的英文单词记熟一样，真正到了应用时却是另一回事。

背完公式的第二天，在北京就有一场比较大型的魔方比赛，我后来才知道那就是大名鼎鼎的世界魔方协会举办的比赛。当时有将近 200 人参赛，无论是在 7 年前还是现在都是规模很大的比赛了！初生牛犊不怕虎，我也硬着头皮报了名。我当时的平均练习成绩是 21 秒。但是因为刚刚记完公式，有些公式不是很熟练，导致成绩不是很稳定。上台的时候，我发挥了一向"我叫不紧张"的作风，最后以平均 30 多秒的成绩告别了我人生中第一场魔方比赛，其结果就是我在初赛的时候就被淘汰了。

其实我从小就心理素质差，差到什么程度呢？就连上课起立回答问题都会脸红。但神奇的是，经过几年的"自由成长"，不但当众讲话紧张的问题没有了，还可以应对自如，甚至有些喜欢这种感觉，在自我蜕变的过程中魔方帮了我不少忙。

赛后我开始了"刻苦"训练，基本上每天复原 100 次三阶魔方，并且在两个月的时间内达到了 20 秒以内的水平。大家没有听错啊，我原来的平均练习成绩是 21 秒，但是进 20 秒却足足用了两个月的时间。其实这两个月只是完成了以下几项工作：熟练公式、强化理解、加快反应。而且当时网上很多朋友都说 20 秒、17 秒、15 秒、12 秒等是一个瓶颈，但是现在看来这个瓶颈只是我们心里自己拟定的。

我也在这个时候接触到了北京的魔友群，里面有很多魔方高手，比如当时的"北京第一"，还有贾立平。我"闭关锁国"这么久，其实并不知道当时自己的水平还算可以。魔友聚会的内容一般都是大家一起 PK 魔方、讨论魔方技术等。由于和我 PK 的都是当时北京顶尖水平的魔友，所以我一直被虐得很惨，这个过程一直持续了好几年，而且其实当面 PK 比上台比赛还考验心理素质。因为有人和你面对面同时开始，他每一次转动的声音、每一个细小的肢体变化都会告诉你他拼到什么程度了，都会让你不由地紧张起来。再者，其实大家的水平都差不太多，所以几毫秒的失误都会导致一次 PK 败下阵来。甚至后来有些变态的比赛，在决赛时都会加入 PK 的赛制，让决赛选手两两对决。这其实就不是比魔方技术了，而是处乱不惊的沉稳心态。现在回想起来，这种 PK 方式的确大大提高了我的心理素质，以致后来我在《最强大脑》的舞台上没有一点儿紧张的感觉，所以我十分感谢被虐的这几年，如果我当时扛不住放弃了，我也不会有今天的小成绩。

我在大学时还成立了魔方社团，经常去附近的学校表演，也经常去全国各地参加魔方比赛。不同的是，之后的每一次比赛我都会进入到决赛。几年后，也逐渐开始可以获得一些名次。

其实讲了这么多，我只想告诉大家一个道理：无论想做什么，多晚开始都没有关系——以你的努力程度，最差不过是大器晚成。我最骄傲的两个学生是我的奶奶和我的妈妈。和她们相比，我 18 岁开始又算什么呢？大家一直相信所谓的童子功，却不愿承认只是自己太懒，不够努力或者没有勇气开始，害怕失败。

我最近接触了围棋速成的学习，学习目标是在五天半的时间里达到业余 1 段的水平。这个成绩在围棋界是不可思议的，因为这是一般孩子需要学习一年半的时间才能达到的水平。这就好像从零学习魔方 15 天进入 20 秒一样，如果你不亲自尝试，怎么知道不可能呢？

五天半的围棋集训让我发现了一个可以让我们每个人都可以接触，且变化比魔方还多的项目。棋手经常讲：如果不是从小训练，这辈子都不可能达到专业水平。我从来都不是年龄论者，即"我岁数太大了，学不了了"，而且我现在也坚信，成为不了"专业"棋手的原因不是因为岁数大了、脑力和体力跟不上，而是随着成长，我们决心做一件事的成本会越来越高。但是只要愿意，依然可以实现。

你可能会说，我现在上班、结婚生子，完全没有时间练习，但是我告诉你，练习魔方本身就不是一个会占用太多时间的事情，比如打一盘 DotA，长则一个多小时，短则几十分钟，而魔方只需要利用每天的碎片时间，一天大约 40 分钟就可以练习 100 遍。当然也并不是每个人都喜欢和适合练习魔方，但是世界上有这么多有意思的事物，相信你一定可以找到自己最喜欢和最适合的那一个。其实只要日积月累，无论每天坚持做一件多小的事儿，你的生命都会因此而改变，你的气质中都会萌生出不一样的枝丫，开出绚丽的花朵。

不信？那请你试试看！

第三节　从《最强大脑》的观众到选手

后面的故事就是大家所熟知的了——签证被拒，兼职做魔方老师。我有时经常在想，一定是老天希望我可以继续将魔方运动推广出去才特意让我留在国内的。因为当时的我已经逐渐放弃玩魔方了，主要是人在 20 岁以后，每天的生活成本逐渐增加，大学毕业后更是感受到了生存压力。

当时也正值《最强大脑》第一季播出，"表叔"贾立平化身魔方男神，当时并没有想要参加的想法，只是单纯地为他高兴，而且在他和西班牙选手对决的时候，"表姐"（我称呼贾立平为表叔，称呼他爱人为表姐）还在 QQ 群里为我们直播，为我们当时平淡的生活增添了不少欢乐。

第二年《最强大脑》继续选拔选手，当时的我正在北京郊区的脱产学校里学习编程，全心全意地向一名程序员发展。其实整件事情跟我没有什么关系（我也是躺着中枪的），突然有一天接到了《最强大脑》导演组的电话，要求我去面试。说实话当时还是挺兴奋的，因为不管怎么说，这都会是一次无与伦比的人生经历，殊不知，面试只是万水千山的第一步，后面还有很多考验等着我。

见到导演以后，导演对我在魔方复原和语言表达方面进行了一系列简单测试，考虑到我当时还没有社会经验，稚气未脱，现在回想起来还是蛮惊险的。在面试的最后，导演问了我一个问题："你为什么来参加《最强大脑》？"其实我当时一脸迷茫，心想"不是你叫我来的吗？"

"为了学习到更多的东西，交到更多的朋友。"不知道为什么，当时这句话脱口而出，而且这个情节我一直记得很清楚。直到今天，如果有人再问我：你为什么参加《最强大脑》，我依然可以用这句话来回答他，因为这不仅仅是一句空话，我是实实在在做到了。

"回去等消息吧。"导演扔下这句话便结束了面试环节。谁知道过了两天，导演就通知我去南京做进一步测试，导演拿来各种各样的魔方对我进行测试。出乎意料的是，他们的测试十分严谨，每一个魔方他们都要亲自打乱，也都需要录制测试视频。虽然他们对测试结果十分满意，经常脱口而出"还是蛮快的嘛"，但当时我的心里还是挺没底的，因为当时已经有很长一段时间没有碰魔方了。

"回去等消息吧。"导演又扔下了这句话。

这一次等消息的时间只有半天。回到北京的当天晚上00:30，也就是第二天凌晨，导演又打来电话："你明天来南京录节目吧！"说实话当时还挺出乎意料的，从第一次面试，到现在要求我录制节目，整个时间不超过一周。但是我想这样也好，赶紧录完，赶紧回去继续上课。于是我马不停蹄地直接赶到南京，经过一天的彩排和一天的录制，呈现出的就是大家所看到的最终节目。

直到现在回想起来，一切依然发生得那么突然、那么"传奇"。我的生活也因为这一周的时间完全被颠覆了，好像是做了一场梦，但是这场梦并没有醒，还在一直做着。很多人都说我的命太好了，咸鱼都可以"翻身"。我承认，我的命真的很好，在我最低谷的时候有这么多人帮助我，我心中一直有一份名单，正是这些名单上的人对我无私的帮助才有我的今天，以及我的未来。而我自己其实并没有做什么，仅做到了一点：不忘初心，方得始终。

第四节　我为什么要创业做魔方

> 知我者为我心忧，不知我者谓我何求。

其实从来没有人问过我这个问题：孙虹烨，你为什么要创业做魔方？因为大家似乎都觉得，我是一名魔方爱好者，又通过《最强大脑》魔方项目成名，最快的掘金之路就是借助"粉丝"红利，趁热打铁通过魔方变现。一切看似这么顺理成章，可问题是我们的大脑擅长自动"脑补出"一些不容易实现的梦想，现在又值国家鼓励"大众创业，万众创新"，无数"成功人士"、大学生（甚至很多肄业）下海创业，哪怕现在的创业成功率不足1%，哪怕在创业大潮中撞得头破血流，依然乐此不疲。

其实大家从我出国被拒签以后迅速反应、转换角色学习计算机编程的事儿就可以看出，我是一个一定要把事情的前因后果考虑很清楚才会行动的人。我从小学三年级开始学习计算机编程，学习的第二年就开始在全国的奥林匹克计算机竞赛中拿奖，并且六年级升学的时候顺利考入北京一六一中学的计算机实验班。可以说相对于魔方而言，我在编程方面的技术只会更强，而且程序员又是现在互联网时代缺口很大的岗位，所以对我来说，继续当一名程序员也是一个非常不错的选择。之前兼职教授魔方的机构也向我伸出了橄榄枝，纷纷以高薪聘请我回去开发魔方课程。在愿意聘请我的公司中也不乏阿里、好未来这些上市公司。可是大家知道，有些鸟儿注定不会被关在牢笼里，它们的每一片羽毛都闪烁着自由的光辉。我觉得一个人最重要、最有价值的就是他的自由意志，经过长时间的思想斗争，我选择停下脚步看一看。

当时的想法很简单，之前的中日对抗赛让我身心俱疲，希望调整一段时间，顺便考察一下市场，再决定何去何从。后来发现这个决定实在是太明智了，就好像有时候走得太快就会忽略身边的风景，停下来反而可以看到更多。我正是通过这6个月的系统考察，才对魔方项目有了新的认识，结识了现有团队的成员，最终才决定破釜沉舟，在没有任何创业经验的情况下毅然决然地踏上了这条"不归路"！

但是我究竟在这6个月里面看到了什么才让我最终选择创业做魔方的呢？

有一次北京市丰台区举办魔方比赛，我担任工作人员。当时是丰台区科技馆举办的中小学魔方比赛。别看只是北京市的一次区级比赛，竟然有三四百名孩子报名参加。要知道，即便是 2015 年广州举办的中国魔方锦标赛也仅有五六百名选手报名。说实话这个参赛人数还是很让我意外的。但在惊喜之余，我却受到了"惊吓"：虽然参赛的孩子很多，但是比赛成绩却不尽如人意，大部分孩子的三阶魔方复原成绩都是 1～2 分钟。

导致发生这种情况的主要原因有两个：

❶ 使用的魔方太差，绝大多数孩子都是使用最便宜的"地摊"魔方。即使惊现顶级的竞技魔方，也因为调试、保养不当，导致手感极差。

❷ 使用的复原方法太差，完全没有手法、观察、意识可言，仅仅做到了"会复原"，而不能称为速拧。

再来分析一下造成这种局面的深层次原因：

第一，近两年来，魔方确实因为各种电视节目火了起来，很多孩子爱上了这项运动，于是涌现出了很多商机。全国各地的培训机构为了赚"快钱"纷纷开设魔方课程吸引学生，但是他们中很多人的教学方法完全是从网络上照搬，没有一点创新，也没有能力创新。再加上机构为了盈利，选择成本最低的魔方作为教具出售，于是出现上面比赛中的情况也就不足为奇了。魔方本身是一项非常好的益智类手部极限运动，一个非常好的寓教于乐的教具，也是一个非常好的社交神器。只要有老师正确引导，我相信，每个孩子都可以从中收获很多。但是再看看上面这些孩子，我相信他们之中很少有人能将玩魔方坚持下去。

第二，现在的魔方比赛现状。WCA，也就是世界魔方协会，成立于 2003 年，到目前为止已经有 13 年的历史了。但是世界魔方协会是一个民间的非营利性组织，组织协会的主席们都是世界各地的魔方爱好者。他们平时正常上班，利用闲暇时间组织魔方比赛，推广魔方运动，会见全世界各地的魔友，不亦乐乎。但是再回头看看我们国内的情况：国内的魔方玩家以学生为主，他们没有任何的资金来源，可能暂时还需要靠家中"资助"或者通过奖学金来维持生活，但是当他们负责举办魔方比赛时，除了需要向学校申请免费的场地外，还要组织人员、邀请代表等。以现在魔方比赛几十元的报名费用，完全不足以支撑举办比赛的成本。往往一场比赛下来，还需要主办方自己垫个几千块钱。

第三，辛苦的代表。如何才可以举办 WCA 世界魔方协会承认的比赛呢？WCA 的比赛要求极其严格，而且现在的比赛申请又特别多，需要提前很长时间报备审核。现在几乎每一周，全国各地都会有大大小小的魔方比赛。那你可能会问，WCA 代表又是怎么来的呢？中国第一个 WCA 代表是来自美国的柯言 Cris（清华大学的留学生），是他把 WCA 比赛带到了中国，并且经过一段时间选拔，又推荐出另外几名中国的 WCA 代表。WCA 代表有工资吗？有出场费吗？答案是没有，WCA 代表全部都是义务为大家服务的。目前主办方只需要提供 WCA 代表的路费和食宿费用即可。大家可以想象一下，全国 661 个城市，即便其中只有十分之一的城市举办比赛，那么他们的周末就已经没有了。更何况有些重点城市一年要办好几次，而且举办比赛的辛苦程度大家可能不了解：从理论上讲，邀请 WCA 代表参加比赛，他们只需要行使监督权和指导权，其他所有细节应该由主办方设计实施。但是实际情况是，主办方往往工作不到位，WCA 代表就变成了维持现场纪律、组织裁判工作、进行裁判培训的"主角"。

说到这里，我们除了要赞美各位 WCA 代表的辛勤劳动以外，我们又要提出一个问题：这种模式可持续发展吗？周一到周五正常工作，周末又要跑出去办比赛，恨不得周一早上回来直接上班。这样的生活不是常人可以承受的，但是我们的中国 WCA 代表已经坚持了快十年！

还有自己赔钱举办比赛的魔友们，这种无私精神是特别值得学习的，但现在是互联网时代，我们是不是有其他办法在不大幅度增加报名费的情况下将成本分摊呢？是不是可以增加一些就业或者兼职的机会，让我们的魔友在上大学时就可以挣到钱呢？我们是不是可以把每年的魔方比赛商业化运作起来，提高选手的奖金呢？真正到某一天，让魔方奖金可以解决很多专业魔方选手的生计问题呢？这些是我正在思考的问题。

很多朋友可能也在考虑这样一个问题：我到底应不应该创业？如果你也有这个问题，我劝你就不要创业了。因为我觉得真正的创业者是不会问这个问题的，创业者的基因是刻在骨子里的。就像我创业的时候，做的一切事情都那么顺理成章，考察市场、整合资源、组建团队，一切按部就班地进行着，甚至在我做了很久以后才发现自己已经在创业了。

无论结果怎么样，无论我的孙虹烨魔方是否会成功，但是最起码，我在最好的年华里尽力过，这就足够了。

第五节　魔方是颠覆三观的三全神器

魔方，大家看到这个词时第一个联想到的可能是"玩具"，就好像在淘宝店铺里面，魔方竟然被归类到"母婴用品"中，适用年龄为 6～13 岁！魔方真的比窦娥还冤啊！但是经过详细的市场调研和了解，真的也颠覆了我这个魔方爱好者对于魔方的认识。魔方，我们总结为"三全神器"。

一、第一全：全年龄段

大家可以猜想一下多大的孩子可以复原魔方呢？10 岁？6 岁？5 岁？正确答案是 2 岁半甚至更低。大家看到的下面这张图片是黑龙江电视台报道的一则新闻：巴西一名两岁半的小姑娘在 70 秒的时间内复原了三阶魔方的六个面。细心的朋友甚至发现这个小姑娘用的还是高级方法！我有幸在 2015 年巴西世锦赛的时候遇到了这个小姑娘，从而证实了这则新闻。怎么样，是不是超乎想象？事实证明，孩子的理解能力和记忆能力是非常强的，甚至在某些方面超过我们成年人。

这个例子也证明，魔方的六面复原确实没有那么难，只要有科学的方法和持之以恒的努力，每个人都是可以学会的。

可能大家不知道，中国有两项世界纪录：第一个是最大年龄复原魔方（84岁）；第二个是最大年龄盲拧魔方（80岁）。盲拧魔方需要先将魔方形态记下来然后闭上眼睛再复原，是一种魔方里面最顶级的玩法了，对于 Cuber 的魔方技艺和记忆力都有一定的要求。事实证明只要你想学习，多大岁数都不是问题，而且只要我可以活到100岁，没准这项世界纪录的保持者就是我了。

天津星星之火公益活动的负责人王老师曾邀请我到天津起航自闭症康复机构看望那里的孤独症儿童，我可以带给他们什么呢？那就魔方吧！其实我也是有顾虑的：他们需要吗？他们学得会吗？但是当我站在他们面前看着他们一个个兴奋渴望的眼神，我的顾虑瞬间打消了，学会与否真的那么重要吗？重要的是，可以让他们知道他们并没有那么"孤独"，甚至我们的丹东市级代理史老师把魔方带入了盲童学校里，史老师将不同形状的贴纸贴在魔方的六个面上，让孩子可以通过触感分辨不同的颜色。出乎所有人的意料，这些孩子仅用了三节课的时间就学会了三阶魔方六个面的复原手法，而且复原时间仅仅只有一分三十秒！上帝关上了一扇门，必定会打开一扇窗。这些孩子的表现，更加坚定了我继续推广魔方运动的信念，所以，你还有理由学不会吗？

二、第二全：全场景

其实魔方不仅仅只是孩子们的益智神器，还是成年人的社交、减压神器，老年人的保健神器。

因为我是从18岁才开始玩魔方，并且从此不能自拔，所以我深深地知道，魔方对于成年人的吸引力甚至要强于孩子。因为孩子们的升学压力较大，而且没有财务自主权，所以孩子能不能玩魔方完全取决于家长的开放程度。我就很幸运，有着开明的父母，可以发展自己的兴趣爱好。但是一旦魔方被划分到"玩物丧志"的行列，可能就永无天日了。当然大家不用怕，如果你们的爸爸妈妈不让你玩魔方，你就把这本书送给他们，可以着重看一看下一节《我们为什么要玩魔方》，我相信没有一个家长会再限制你玩魔方了。

但是成年人就不一样了，他们拥有财务自主权，可以控制自己的业余生活，所以玩不玩魔方完全取决于自己。并且现在年轻人的工作压力非常大，社交圈狭小，正需要魔方这个减压和益智神器来帮忙。我曾经做过很多次的成年人魔方课程尝试，无论是线上还是线下，效果都特别好，大受欢迎。大家学会魔方以后喜欢随身携带一个魔方，在上下班的路上、同事聚会时都会拿出来"秀一秀"，身边的朋友也会加入到魔友的行列。就这样，魔方像病毒一般传播开来，最经典的例子就是现在我们《最强大脑》选手的聚会，完全"沦落"为为了魔方聚会。

魔方需要动手动脑，对于心血管、老年痴呆症等疾病都有一定的预防作用。之前老年人可能喜欢手里盘个核桃，或者一起打牌，现在完全可以学习魔方。

三、第三全：全脑

全脑是近几年比较热的一个词儿，含义是指左脑、右脑和间脑的功能开发。我国在"十三五"期间要上100个大项目，其中第4项就是"脑科学与类脑研究"，可见它的重要性。

我们都知道，大脑是分左右脑的。大脑交叉控制，比如左手由右脑控制，右手由左脑控制，而魔方由双手控制，自然也就锻炼了我们的左右脑。左右脑的分工也是不同的，左脑是理性脑，主要负责逻辑、语言、数字、文字、推理和分析等。在我们刚开始学习魔方的时候，需要按照一定的方法去学习推理，其实此时用到的就是左脑。但是大家可以看到高手转魔方的速度极快，可能其他人都没看清楚魔方就已经复原了。这是因为大量的魔方练习启动了右脑高速处理图像功能，右脑是我们的感性脑，负责图画、音乐、韵律、感情、影像、想象、创意等，拥有非凡的创造力和记忆能力，魔方在开发右脑方面具有先天优势。

第六节　玩魔方的好处：我们为什么要玩魔方

可能大家经常会听到"玩魔方有哪些好处"这样的问题与回答，里面的有些观点我很赞同，但也有些我持保留意见。作为一个从学生时代就开始接触魔方的魔方玩家，对于这个话题还是比较有发言权的，所以我就自己的体会，具体聊一聊玩魔方到底有哪些好处。当然，也不是每个人一玩魔方就马上可以体会到它的好处，所以我分阶段来给大家介绍，即每玩到一个阶段，你能收获到什么。

一、不会复原及刚学会复原三阶魔方的人

1. 提高立体空间感

玩魔方最直观的锻炼就是对立体几何的感觉，这也是绝大多数人觉得魔方很难的原因。但其实这就好比学走路，我们也说不出具体应该怎么走，只能告诉你要这么走，然后自己去找感觉。魔方也是一样，<u>只要你抓住了那种感觉，后面的复原就水到渠成了。</u>

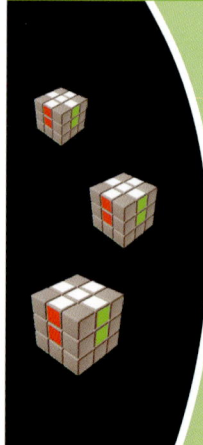

打个比方

现在大家可以做一个实验，手里拿一个魔方，看看可不可以拼出一个面，拼完一个面再挑战一下能不能拼出一层。如果这些你都做不到，别灰心，试一试"小花"这个图形，这个是我教授魔方的方法体系中的第一步，也是最难的一步，注意你没有听错，是最难的一步。因为这一步没有公式，全靠理解。你可能在这一步花费的时间比其他步骤加起来都多，但是如果你可以拼出这个图案，那么恭喜你，你已经学会魔方的一多半了，剩下的交给我就好了。当然，小花拼不出来就没救了吗？当然不会，继续阅读本书吧！

2. 锻炼执行力和专注力

上面说第一步的小花是最难的，其实是因为我们后面的每一步都有具体的方法套路，只要完全按照我的"指挥"来操作就 100% 可以复原。这时最需要的是我们的执行力和专注力。很多小孩子学魔方，他们对空间几何的理解没有任何问题，但就是坐不住，专注力不够，学一会儿就不知道跑到哪里去玩了，所以导致的结果就是：有的孩子学得快，有的孩子学得慢。以我教过的一年级小朋友举例，最快的 3 个小时就从零基础学会复原，最慢的 6 个小时也可以独自复原，所以大家就知道执行力和专注力是多么重要了。仅仅从学魔方这一件小事儿就产生了一倍时间的差距，若在专注力和执行力方面欠缺，对我们今后的学习、生活、工作的影响是多么巨大呀！所以，我每次制定课程的时间都会考虑到这一点，有的家长可能觉得 90 分钟，甚至 120 分钟的魔方课会不会太长？但是我觉得，锻炼孩子的意志品质，远比学会复原魔方来得重要。

3. 增强自信心

在俞敏洪的文章《当你活在别人的眼中，你就永远没有你自己》中有这样一段话："人一辈子要找一个立足点，如果在同学面前你一无是处，你一定会看不起自己，但如果你有一个方面比较厉害，哪怕别的方面都不行你也会有奠定自信的一点基础。"我想这也是现在大多数家长让孩子从小学习各种艺术课程的一个重要原因。自信是一个人一生的财富，当然这种自信并不是盲目的自信，而是基于自己的实力从内心散发出来的，这种感觉是不能作假的。

以我自己为例，我从小也学过一些艺术方面的课程，但可能因为对艺术不"感冒"，所以跟大多数孩子一样没有坚持下来。虽然学习成绩还说得过去，但是也没有特别突出，所以一直默默无闻地度过了我的青少年时期。直到高三以后我接触了魔方这项运动，从开始学会复原时给亲朋好友展示，到后来建立社团、参加比赛、兼职当老师，一步步走下来，觉得自己越来越自信。魔方之所以吸引人在于每次复原后的那种满足感，我们的自信也就在一次次打破自己的记录、在别人的赞扬和鼓励中一点点建立起来了。

二、三阶魔方复原达到 1 分钟以内的人

训练手眼协调

　　大家一直有一个错误的观念：魔方转得快，全靠手速快。其实生活中也有很多例子可以证明其错误性，比如打字，美国科学家曾经统计过，人们使用键盘上的哪个键最多？答案是"退格键"。大家可以用打字软件测试一下自己录入英文文章的速度。一般人的单词录入量可能约为每分钟 100 个，但是你要注意，你有多少时间是浪费在了"输错"、"删除"、"重输"这个过程中的。其实你只要保证每一次都不错的话，就可以轻松达到每分钟 200 个单词的录入速度，根本不需要什么所谓的手速。我就是典型的慢手速选手，但是我也可以很轻松地做到 10 秒复原三阶魔方。

　　但是为什么有的人好像转得很快，时间却很长呢？这是因为眼慢。其实这也是我认为练习魔方时最困难的一点：手快很容易，只要"使劲"大家都可以转得很快，但是手转魔方是一个机械运动，是有极限的。很多魔友确实转得飞快，但是中间观察的时间花费过多，造成用时很长。记得电影《头文字 D》里面有这样一个桥段：有一天藤原拓海让他爸爸带他去医院配眼镜，但是到了医院检查，发现什么毛病都没有，他爸爸很生气，问他到底是怎么回事儿，他说不知道为什么，现在眼睛看东西越来越慢了。其实这是因为他的眼睛越来越快了，菲神[1]也说过："10 秒以内是不需要什么手速的。"这也刷新了我对于魔方的理解，所以大家要达到 1 分钟以内很容易，只要不转错、连贯即可。

---

[1] 菲利克斯·曾姆丹格斯（Feliks Zemdegs），别名菲神，1995 年 12 月 20 日出生于澳大利亚墨尔本，魔方界的天才，曾连续多次刷新魔方项目上的世界纪录，是一位全能的魔方玩家，目前已打破 78 项魔方世界记录。

三、三阶魔方复原达到 30 秒以内的人

1. 锻炼心理素质

其实我从魔方上受益最大的要数心理素质了。不瞒大家说，我在初中的时候曾经是一个当众讲话结巴、不能说出完整句子的孩子。但是到现在，我参加各种电视节目录制、各种商业演出，甚至给几百人做演讲都应对自如。还记得我参加人生第一次魔方大赛时的场景，自己在下面训练的成绩已经达到了平均 21 秒，但是最终比赛时以 31 秒的成绩无缘复赛。之所以比赛成绩和练习成绩差距那么大，正是因为紧张。

之后我回家苦练魔方，以后每次比赛都可以顺利进入到决赛。初赛、复赛几乎都可以正常发挥，但是真正的考验在于魔方的决赛。因为三阶魔方速拧决赛是最具观赏性的比赛，类似于田径的百米，所以往往最后一个压轴出场并且进入决赛的选手要依次到台上比赛，或者两两 PK 对决。大家可以想象一下，近百名观众甚至几百名观众都会在台下注视着你，这种紧张程度可想而知，所以决赛也是选手很难发挥出正常水平的时候。我一开始也很难适应，但是我一直咬着牙硬着头皮上。正是我的坚持得到了回报，经过三十几场大赛的洗礼，最后我的心里素质得到了很大提高，才能做到后来大家看到的在《最强大脑》节目中的从容淡定。如果你的心理素质不好，也可以来试一试。

2. 锻炼意志品质：119 个公式

很多朋友在学会复原魔方以后，可能问的最多的问题就是如何提高速度。其实除了我们讲解的基础复原方法以外，确实有一些高级方法，比如桥式，以及最流行也是现在世界记录保持者用的 CFOP。练到复原时间在 30 秒左右的时候，如果还想提速，就需要学习一些高级方法。高级方法可以简单理解为对于魔方转动的进一步理解和各个步骤的穷举，即需要理解和记忆一些公式。就 CFOP 来讲，它的基础公

式就有 119 个，还不包括双向、四向、非标等公式变形，公式量可见一斑。这就需要我们有很好的记忆力或者说很好的记忆方法，以及持之以恒的努力。

　　几年前曾经有一个比较流行的称呼——全公式选手。因为当时大家普遍认为，把这 119 个公式及图形全部记忆下来并且可以快速反应出来几乎是不现实的，所以"全公式选手"也是当时比较牛的称号。但是在了解了魔方公式的记忆方法后，"全公式选手"也就没有那么神了。正所谓"神只是做了人不能做的事儿才变成了神"。其实魔方的公式都是靠一种叫"肌肉记忆"的方法记忆下来的，简单来说就是熟能生巧，靠的就是练。记忆一个公式时，只需要看着高手的手法视频，一遍一遍地跟着练就可以了，再将公式和图形对应，所以记公式并不费脑子，多花费一些时间都能记下来，但是对于一个人意志品质的考验就太大了。当你把所有公式都记下来以后，那种"清爽"只有体会过的人才知道。还有这么多公式等着你，还是赶快开始吧！

3. 认识新朋友，扩大交际面

　　我特别感谢魔方给我带来了很多朋友：第一次见网友、第一次独自旅行、第一次出国……我这么多的第一次都献给了魔友。高考结束后的三个月时间里，我都是一个人在练习。为了搜索有关魔方的资料，经常出入各大贴吧、论坛，自然也会和其中的网友产生互动。当时印象最深的就是魔方小站中名为"千年部落"的魔友，我们经常在网上探讨魔方技术问题，甚至切磋、PK，这位"千年部落"就是贾立平，他当时在北京读书，经常参加北京当地的魔友聚会，也带我认识了当时的"北京第一"。现在回想起来要不是被"北京第一"虐了这么久，也不会有我现在的成绩。魔方虽然不难，但是真正喜欢它的人起码脑子不能懒，要多思考，所以就奠定了喜欢魔方的人群还是比较高端的基调，如上市公司高管、全球 500 强员工等，真正让我接触到了很多牛人。

　　即使是现在，我依然感谢魔方让我不再孤独。我现在创业的合作伙伴、很多朋友都是通过魔方认识的，这些朋友才是魔方带给我最大的财富。

4. 增强记忆力，学习记忆方法

在《最强大脑》的舞台上，不乏很多记忆力超强的牛人：有的可以在十几秒内记下一副扑克牌；有的可以记下 7000 多张油画碎片；有的可以把百家姓记下来放到魔方上面随意转动！当然认识了这么多牛人后，我也向他们请教记忆秘诀，才有了《最强大脑》第三季《魔方画中画》的挑战：《魔方画中画》是由 1044 个三阶魔方、9396 个色块组成的世界名画《鸢尾花》。我们需要把每个色块记下来，嘉宾现场任意选择一个位置，再把选中的图案盲拧出来。这个项目无论是从难度上还是记忆量上，都是史无前例的，但是我们却成功完成了挑战，可见魔方对于记忆力的帮助是非常强大的。

在练习魔方的过程中，我学会了很多记忆方法，比如一开始学习复原时发现直接记公式太难了，于是就观察魔方的变化，按照图形记忆；在学习 CFOP 高级方法时会结合图形记忆和肌肉记忆，不仅记忆效率大大提高，而且记忆难度也下降了很多；在学习盲拧后，从一开始记忆一个魔方、几十个魔方，直至后来成百上千个魔方，在掌握记忆方法的同时，记忆能力也得到逐步提高。现在回过头来，若将此记忆方法应用在记忆古文、英语单词上，真的是太简单了！聪明的小伙伴们，赶快来尝试一下吧！

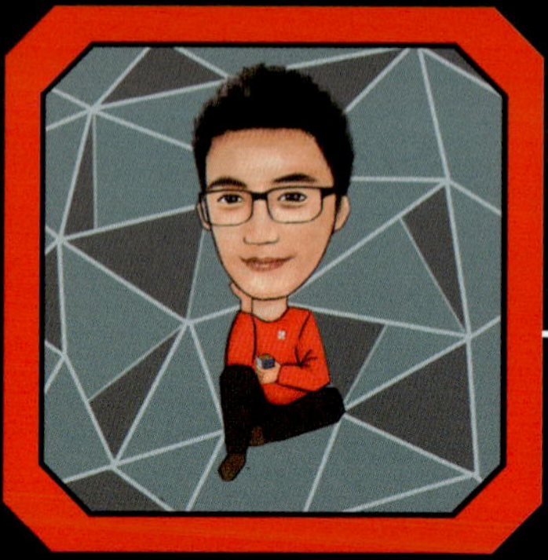
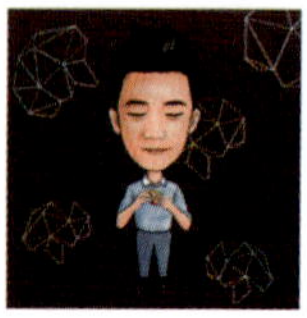
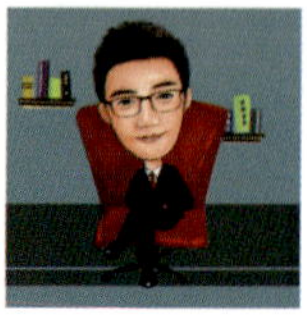
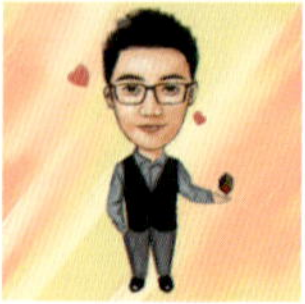
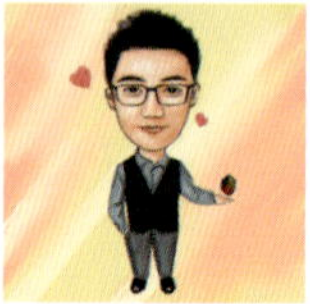
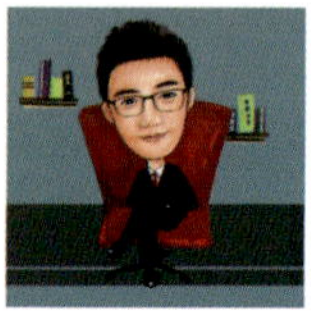
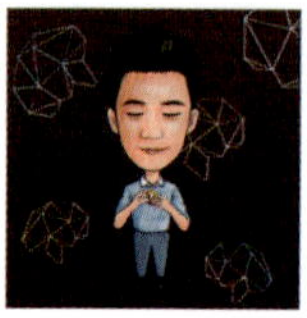

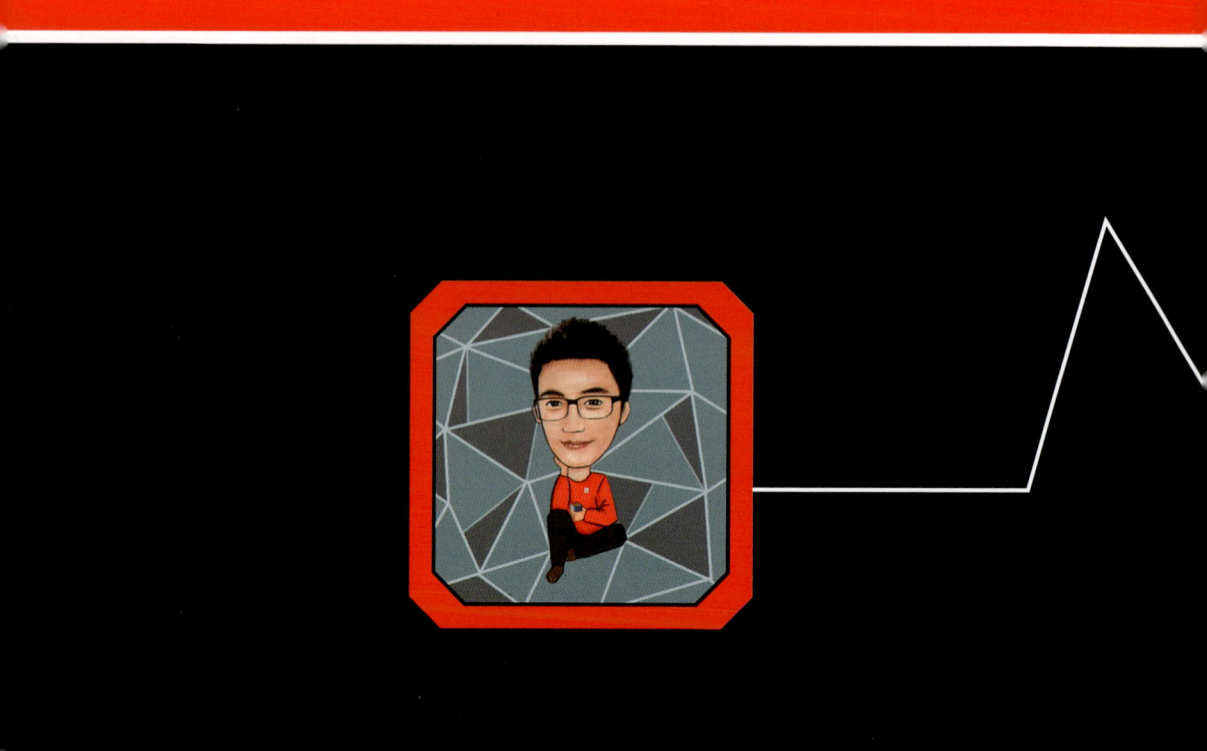

第二部分

三阶魔方解法

第二章

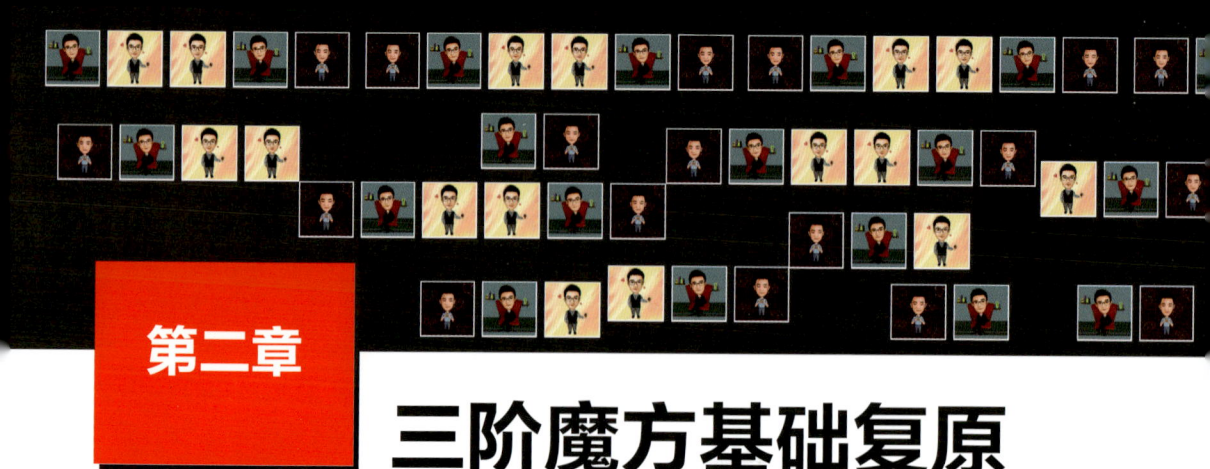

三阶魔方基础复原

第一节　距离魔方复原仅有咫尺之遥

　　从本章开始我们正式进行三阶魔方入门方法的学习。在完成本章的学习之后，你便可轻松、独立地复原一个三阶魔方。整个学习过程需要 1～3 小时。若继续本章后面提速技巧的学习，便可让你获得一套更加完善的三阶魔方入门体系，并最终掌握一套可以最快 30 秒以内复原三阶魔方的初级方法。

　　魔方每个人都听说过，可能很多人小时候也玩过，但是真正可以独立复原魔方六个面的人却少之又少。最近魔方这个"玩具"似乎又火了一把，在《最强大脑》《出彩中国人》《非诚勿扰》等高收视率的节目中频频出现魔方的身影，甚至魔方一度被大家理解为"高智商的玩具"，导致很多朋友对魔方望而却步。我是一名魔方爱好者，所以我想负责任地说：魔方真的被过于神化了。甚至大家对于魔方的理解仅仅是"背公式"、"记口诀"而已。导致出现这种情况的原因很多，其中最重要的一条就是与现在市面上的绝大多数魔方类图书和网上的教学视频有关。说实话，我本身是学数学的，而且比较喜欢计算机编程。但是当我看到学习复原魔方需要记住大量"晦涩难懂"的公式时（当然接触后发现其实很简单）内心是特别抵触的，更不要说我们其他在生活中很少接触公式的大朋友和小朋友了。而且在我玩魔方的 6 年时间里，也没有听说过一条所谓的"口诀"。

我在上大学的时候就成立了魔方社团，开始兼职教授魔方，也同大大小小很多培训机构合作开设过魔方课程。可以说这段经历为我后面全职推广魔方运动打下了坚实基础。慢慢地我发现，在入门阶段就背公式和记口诀完全是"效率极低"的行为。

于是我开始思考有没有什么更好、更高效的方法呢？回顾我自己学习魔方的历程，开始寻找可以让大家快速学会三阶魔方复原的方法。功夫不负有心人，终于，我结合自己速拧和盲拧的经验，研发出了一套只需要一个手法（RUR'U'）就可以将魔方复原的方法，并且开发出了后续的提高技巧和进阶方案。之后针对这套方法又前前后后录制多遍教学视频：从最开始利用家里的摄像机录制，到后来专门跑到内蒙古高价聘请专门的团队录制，经过线下课堂、线上录播课程上万人的检验有效，到目前为止我才对这个教程拥有些许满意。我也陆陆续续收到一些好评，看到大家通过我的方法实现了童年的梦想，我觉得所做的一切努力都是值得的。

我相信，你一定就是下一个受益者！

教学视频扫码观看

第二节　魔方的结构

思考环节

魔方为什么可以每个面自由旋转呢？你了解它的内部结构吗？

在正式学习魔方复原方法之前，我们首先要认识一下魔方的结构，这样将有助于我们理解魔方的转动原理。魔方的"魔"是指它神奇的结构：每个面都可以独立旋转。魔方是作为建筑学的教具产生的，经过多年衍变，逐渐形成了今天的样子。下面就让我们剖开魔方的"伪装"一探究竟吧！

大家现在看到的就是三阶魔方的中心轴，它是魔方最里面、最核心的结构。三阶魔方的中心轴有六个方向，分别与下面的螺丝一起固定住魔方的六个中心块。

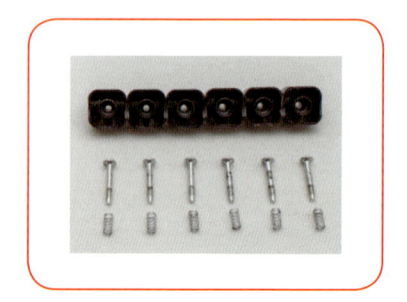

魔方内部的弹簧、垫片和螺丝用来连接中心轴和魔方的中心块，转动魔方时经常听到的嘶嘶声就是由弹簧摩擦产生的。一般质量比较好的魔方都会富有弹性，好多朋友感觉是不是有吸铁石，但其实只是里面弹簧的作用。弹簧弹力的大小、垫片的薄厚程度、螺丝和轴距等细节指标将直接影响魔方的手感。

一、中心块

接下来，就到了魔方块种类的介绍时间了，其实魔方块总共分三种：中心块、棱块、角块。

中心块是直接也是唯一和中心轴通过螺丝相连的块。一个三阶魔方总共有6个中心块，而且中心块的特点是在每一面的中心，有且只有一个色块。我们还可以发现因为中心块是和中心轴相连的，所以其位置是固定不变的。我们随意旋转手中的魔方就会发现，无论怎么转动，中心块的顺序都不会改变，即白对黄、蓝对绿、红对橙。这是魔方的官方配色方案，只要是稍微正规一点的魔方都会是这个颜色顺序。

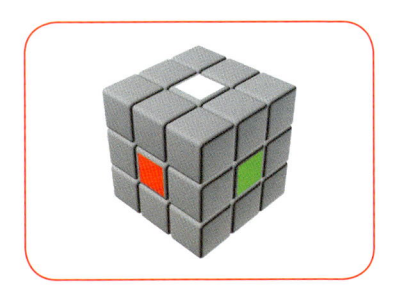

说到这里，聪明的你一定想举出反例，比如转动中层。但是很快你就会发现，虽然看起来是中心块转动了，但是依旧没有改变中心块颜色的相对位置，所以这种转法我们可以理解为坐标系改变了，但是中心块的相对位置却没有改变。原因很简单：中心轴是固定的，中心块又固定在中心轴上，所以中心块是不可能改变的。

中心块的这个特点使它具有一个非常重要的功能：中心块是确定所在平面颜色的标准。所以在复原魔方时就要注意了，我们要把所有的色块向中心块靠拢，而不是最后拼中心块。比如右下方这种情况，虽然也可以拼出来，但是就不如其他色块向中心块靠拢来得简单。

二、棱块

棱块位于每条边的中间，有且只有两个色块，一个三阶魔方总共有 12 个棱块。

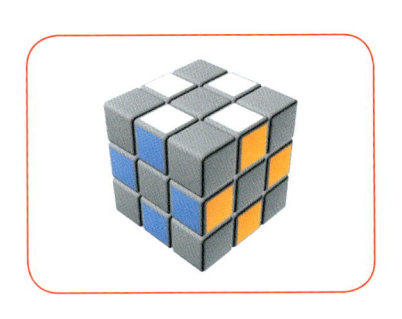

三、角块

角块位于魔方的顶点位置，有且只有三个色块。一个三阶魔方总共有 8 个角块。

思考环节

我们能不能将下面角块上的白色，转到上面棱块的位置？

答案是：不可以，魔方的中心块、棱块和角块不能互换。因为每个棱块、角块和中心块上面的色块数量是不一样的，从魔方拆解图来看，其实棱块、角块、中心块的结构也不一样，从而导致它们的位置不能互换。如果结构不同也可互换，那只有一种可能，那就是魔方散架了。

别看这个问题很简单，但是很多朋友在后面拼魔方时都会犯这样的错误：这一步需要找棱块，但是却找到一个角块，拼了半天也拼不过去。在学习完三阶魔方的复原方法以后，我们就会更加清晰地体会三阶魔方的复原思路了！

作业

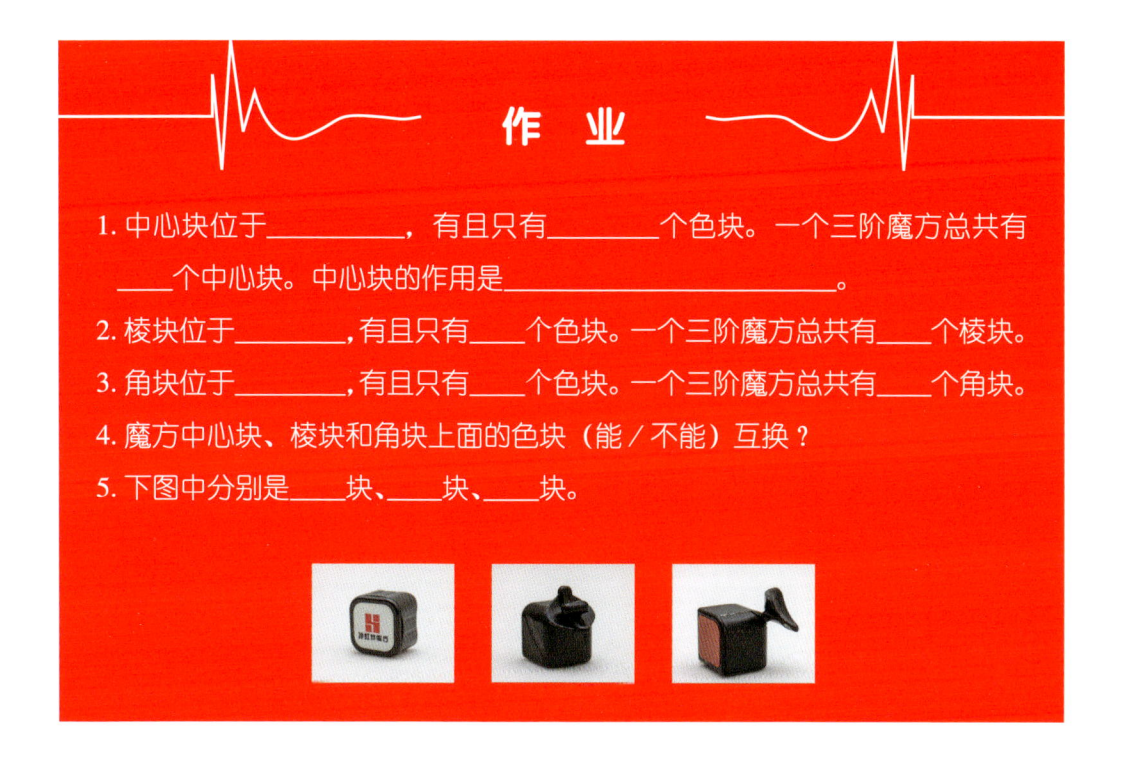

1. 中心块位于_____，有且只有_____个色块。一个三阶魔方总共有____个中心块。中心块的作用是_____。
2. 棱块位于_____，有且只有____个色块。一个三阶魔方总共有____个棱块。
3. 角块位于_____，有且只有____个色块。一个三阶魔方总共有____个角块。
4. 魔方中心块、棱块和角块上面的色块（能／不能）互换？
5. 下图中分别是___块、___块、___块。

第三节　第一步：小花（白色棱块方向）

思考环节

虽然"小花"是三阶魔方的第一步，但也是最难的一步，你可以自己拼出来吗？

以上是我每次给大朋友、小朋友们上魔方第一课时必说的一句话，大家听完以后的第一反应和正看到这里的你一样：真的假的？我怎么不信啊！但是事实证明，我确实没有忽悠大家，你马上就会有所体会，而且每次大家学完我的成套教程以后，都会跑来问我："老师，小花这一步有没有简单一点、快速一点的方法啊？"

下面我希望大家自己先来尝试一下，自己拼一拼这个"小花"。小花的要求如下，快来尝试一下吧，相信自己一定可以完成。

❶ 花心（中心块）是黄色的。
❷ 花瓣（棱块）是白色的。
❸ 角块任何颜色都可以。

看到这里相信大家已经做了尝试，并且有了一些成果，比如已经可以顺利拼好小花或者拼好了3个花瓣等。无论是哪种结果都没关系，之所以说小花最难，其实是因为有些朋友还没有理解魔方的转动原理，但是一旦理解了这一点，后面的操作步骤就迎刃而解了。下面让我们具体分析一下小花这一步到底是怎么拼的。我们先来看小花的配色，花心是黄色的，花瓣是白色的。我们在初学的时候一定要按照这个配色来学习，到后面可以熟练复原以后，再按照自己的喜好调整，我们后面的教程也是按照这个配色讲解的。上一节提到过，中心块的作用是确定该平面的颜色，所有相同颜色的块都要向中心块靠拢，所以为了观察方便，❶ 一开始就把黄色中心块（我们看作太阳）放在最上面。❷ 观察的时候只需要水平转动魔方，这样就不会乱，❸ 也可把黄色中心块看成旋转木马的中心。

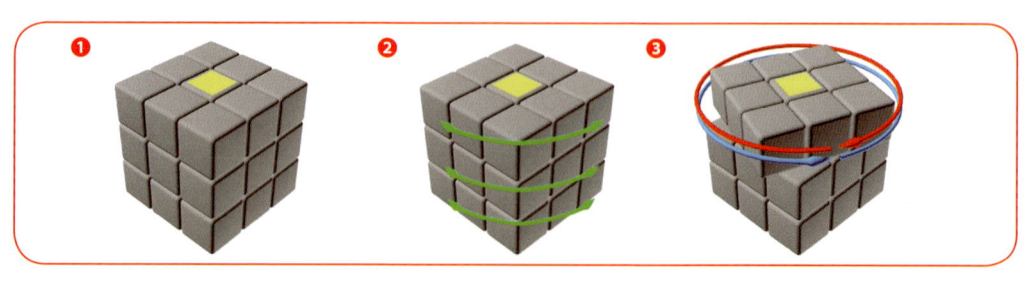

魔方呢，我们把它比喻成大楼，花心（黄色中心）在天台，现在它有4个座位需要我们去坐。每个侧面的第一数列称为第一单元，第二数列称为第二单元，

第三数列称为第三单元，最底下的一个面称为地下室，怎么样是不是很形象？现在开始找，找什么呢？当然是找花瓣啦，在找花瓣时魔方要水平转动，在第一、二、三单元都没有的情况下再看地下室。当然了，要具体情况具体分析，孙老师开始敲黑板喽！

一、花瓣在第一单元、第三单元或者地下室，楼顶没人

第一种情况是最简单的，我们只需要看示意图就能发现，仅需一步就可以把花瓣（白色棱块）转到顶层。

1. 花瓣盛开在第一单元

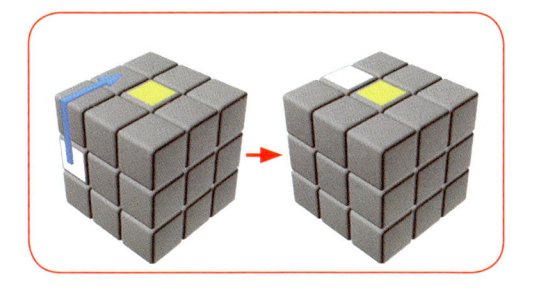

2. 花瓣盛开在第三单元

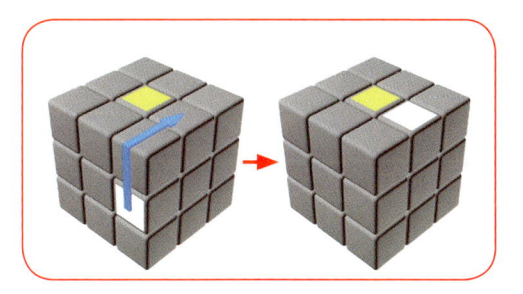

3. 花瓣盛开在地下室

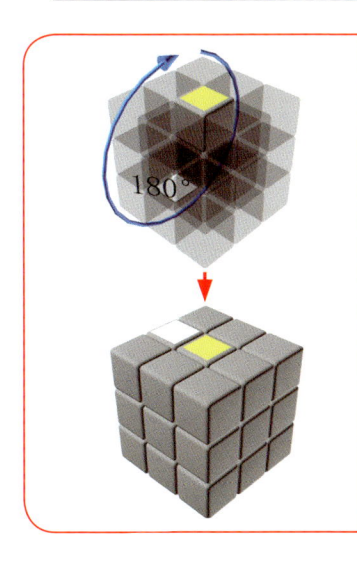

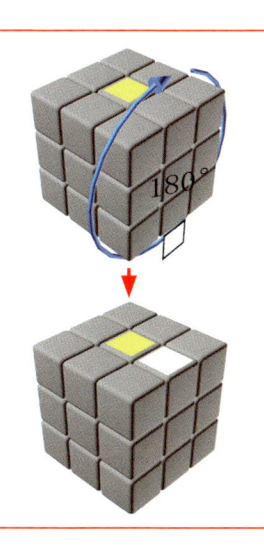

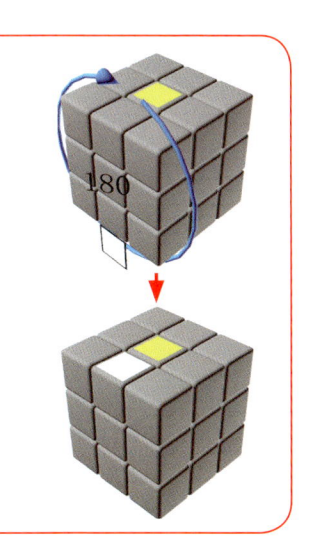

二、花瓣同样是在第一单元、第三单元或者地下室，楼顶有人

我们可以看到，第二种情况和第一种情况的位置是一样的，区别只是在于：在第二种情况下，花瓣即将转上去的位置已经有了一个花瓣，也就是楼顶有人了，比较碍事儿。碍事儿的话怎么办呢？转走就可以了，像旋转木马一样一直转，直到上面的位置空出来，再按照第一种情况的方法，把花瓣转上去，仅需两步就可以将花瓣转到位置！

1. 花瓣盛开在第一单元

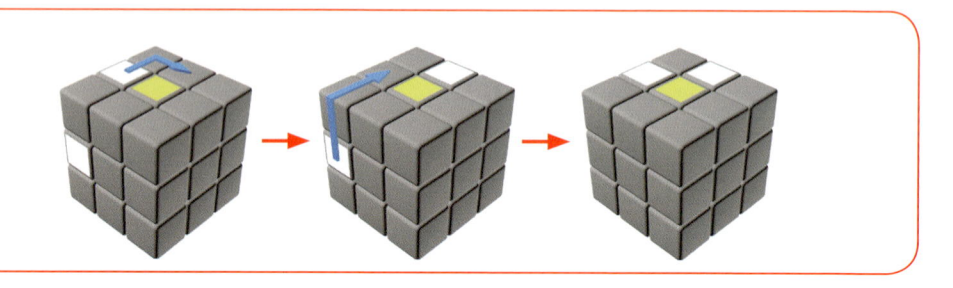

2. 花瓣盛开在第三单元

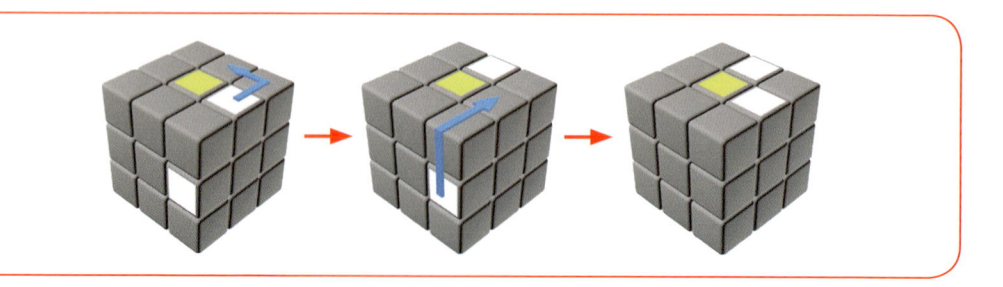

3. 花瓣盛开在地下室

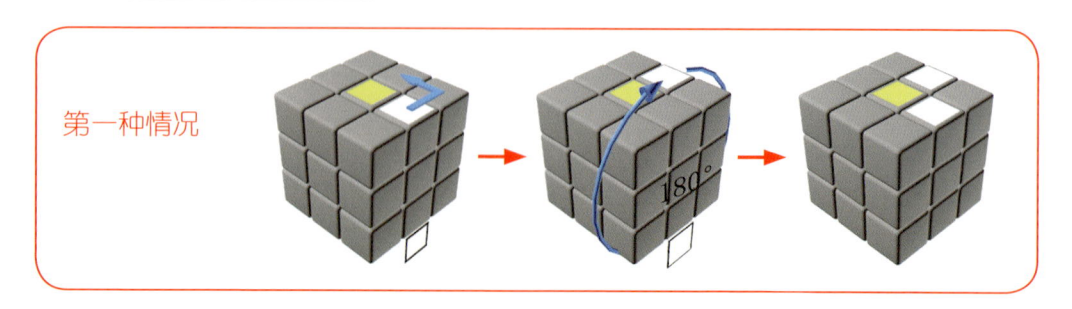

第一种情况

第二种情况

第三种情况

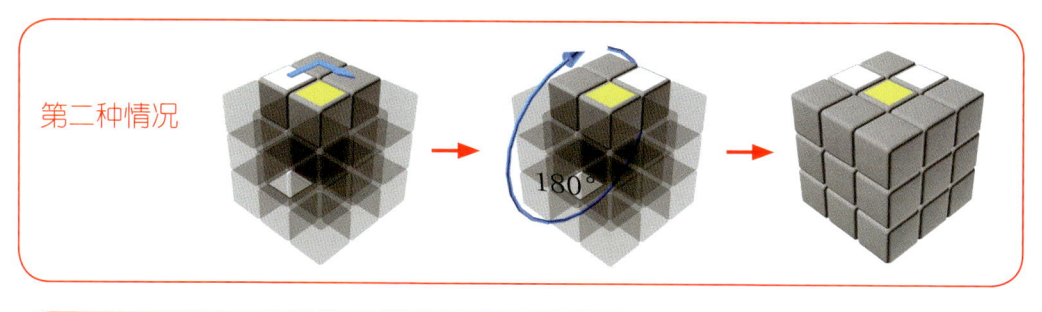

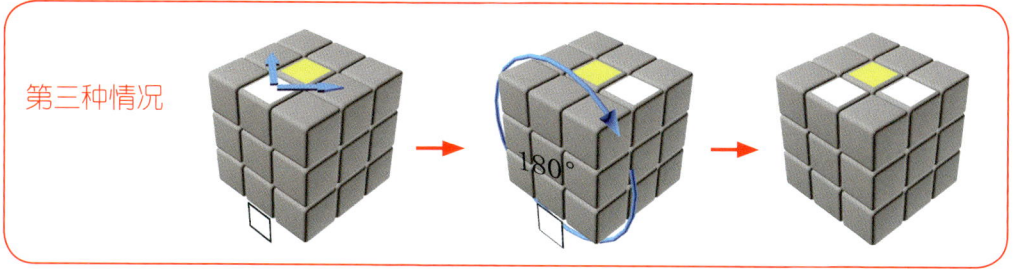

三、花瓣在第二单元

这种情况是在拼小花的过程中最复杂的一步，但是我们也可以将其转化成之前已经熟悉的第一种情况或者第二种情况。比如花瓣在第二单元时，我们将它转到第一单元或者第三单元，剩下的步骤是不是就熟悉了？其实只要顺时针或者逆时针转动前面这一层，就可以把它变成第一种或者第二种情况，最多三步就可以将花瓣转到位置！

怎么样，是不是特别简单？小花和魔方的诀窍就在这里：转动前面！如果你掌握了这一步，那么恭喜你，距离复原魔方不远了！

1. 第二单元第一层

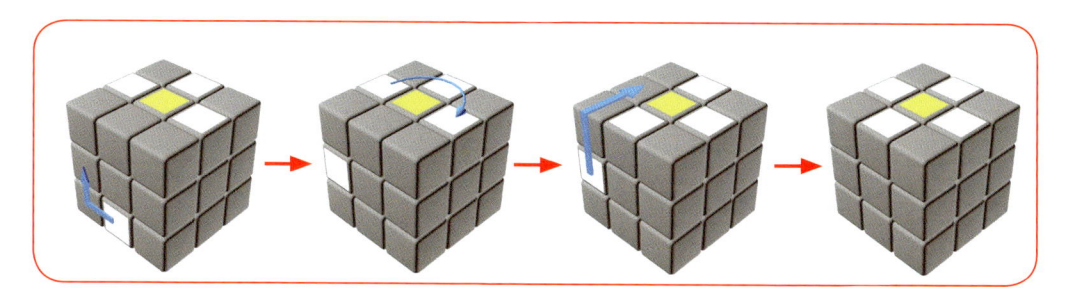

2. 第二单元第三层

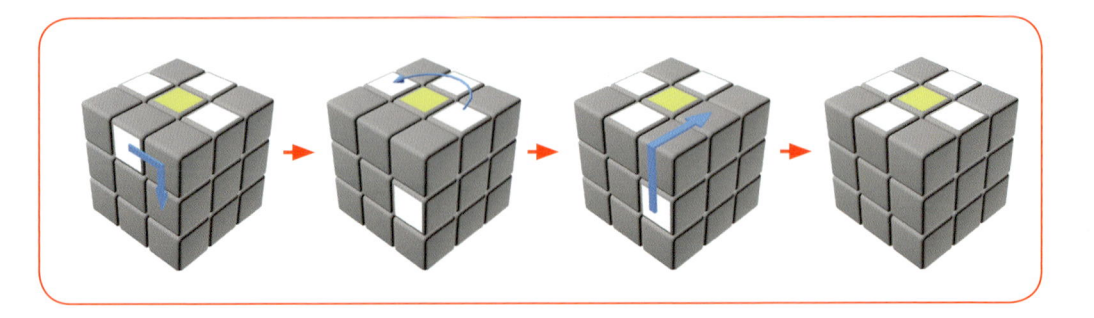

四、复习时间到

好了，到目前为止，我们已经讲完了小花这一步的所有情况，下面我们用关系图整理一下，无论是哪种情况，都可以从下图中找到完美的解决方案呦！

1."花瓣"在侧面

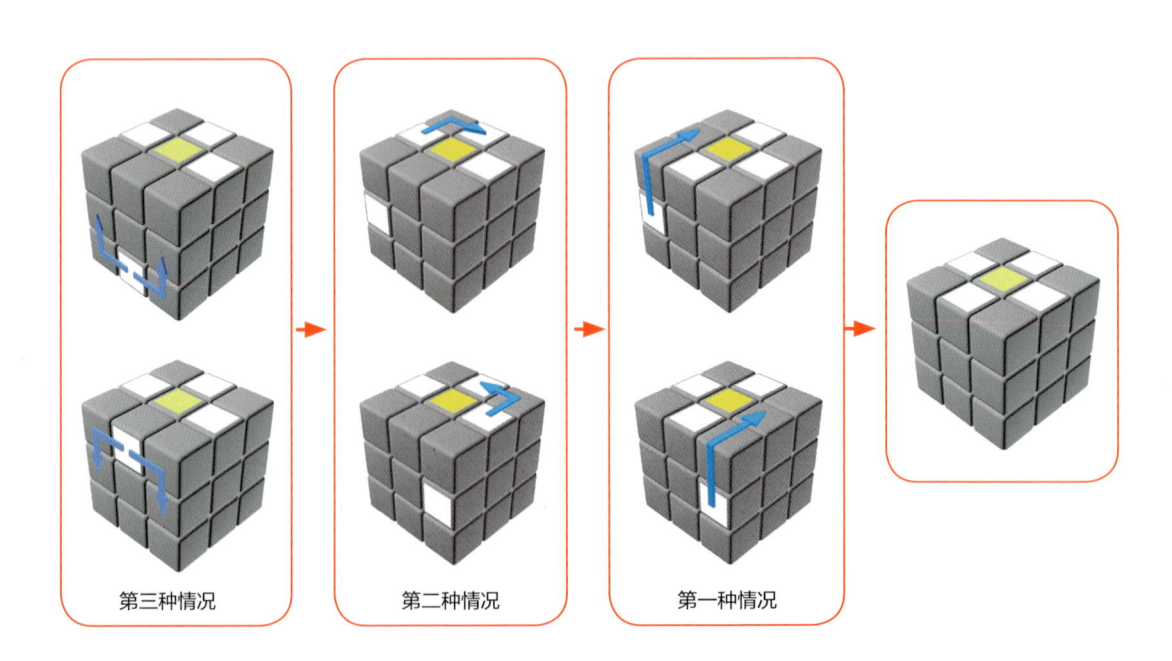

第三种情况　　第二种情况　　第一种情况

2. "花瓣"在地下室

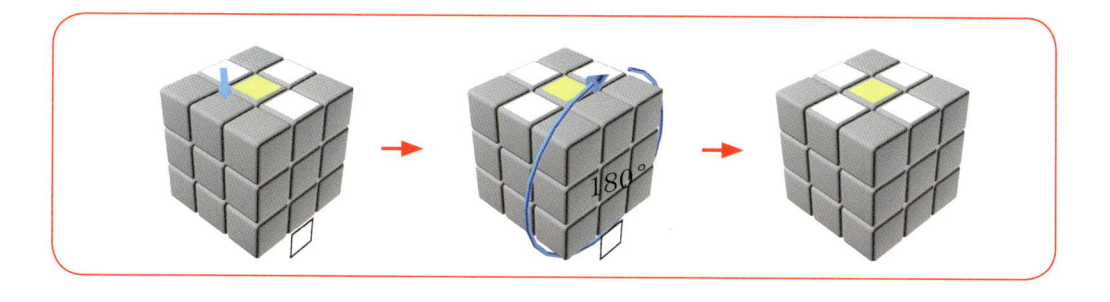

作 业

1. 小花花心是_____色的_____块。花瓣是_____色的_____块。

2. 拼小花的时候，我们要把_____色中心块放在顶层（太阳），转动的时候先_____转动，观察四周的四个面，最后再观察____面。

3. 小花的第一种情况是：花瓣在第_____单元、第_____单元和地下室，且楼顶没有人。处理方法：直接转到楼顶。

4. 小花的第二种情况是：花瓣在第_____单元、第_____单元和地下室，且楼顶有人。处理方法：把碍事的"人"转走，再转到楼顶。

5. 小花的第三种情况是：花瓣在第_____单元。处理方法：把花瓣转到第____单元或者第_____单元，再按照前两种情况处理。

6. 看图判断如下是第几种情况：

　　　第____种　　　　　第____种　　　　　第____种

7. 每天练习小花10次：要求每次拼小花步数在8步以内，没有废步。注意：若想复原三阶魔方的时间在1分钟内的话，那么小花要在5秒内完成。

第四节　第二步：十字（白色棱块位置）

如何拼出花瓣侧面和相邻中心块颜色一致的十字？十字的要求：在白色十字拼好的同时，花瓣的侧面颜色和该平面的中心块保持一致。因为我们要拼的是六个面，所以每拼好一面，都要求这一块（前后左右）各个方向的颜色一致。

错误　　　　　正确

其实细心的朋友可能已经发现了，只要把小花的花瓣直接转到地下室，十字就已经拼好了。但是如果只是这样操作的话，花瓣的侧面和中心块的颜色不一定相同，所以在把花瓣转到地下室之前，还有一步必须执行的操作：核对侧面颜色，如右图所示，绿色的花瓣可以直接转到地下室，而蓝色的花瓣则需要调整后再转到地下室。

一、花瓣侧面颜色和相邻中心块相同

先观察一下四个花瓣的颜色和中心块是否相同，如果发现有相同的，就可以将其转两次，也就是180°转到地下室。

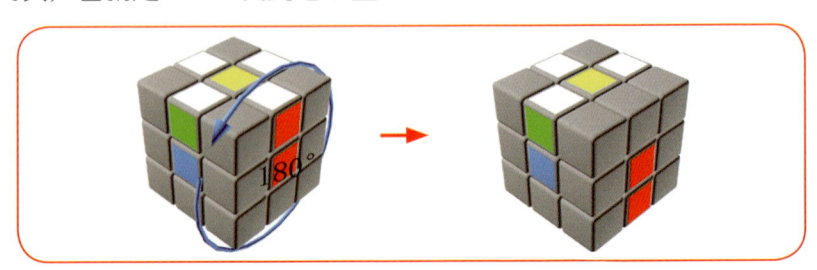

二、花瓣侧面颜色和相邻中心块不相同

如果发现没有花瓣颜色和中心块相同时，那么左手抓住顶层不动，右手转动下面两层去找花瓣的颜色，一旦找到相同的就把花瓣转到地下室。反复操作，直到四个花瓣都成功抵达地下室。

注：左手不动，右手转动下面两层

作 业

1. 十字的要求：十字拼好的同时，_____的颜色和_____颜色一样。
2. 如果花瓣和相邻中心块的颜色相同，那么_____。
3. 如果花瓣和相邻中心块的颜色不同，那么左手_____，
   右手_____，直到颜色相同，再_____。

第五节　复原手法

思考环节

魔方转得快只是因为手快吗？

大家可能一直有一个疑问，跟着我学习魔方的初级方法时既不用公式，又不用口诀，那么怎么学呢？答案是：学习手法。因为看一个人会不会拼魔方最简单粗暴的方法就是看他的手法。很多高手复原魔方特别快，其实并不一定是他的手速有多快，而是他们采用了一些非常顺手的手法，这些手法只要我们稍加练习，同样可以转得非常快、非常炫。

普通青年玩魔方

文艺青年玩魔方

下面开始秘密传授上面提到的神奇手法，也是学习三阶魔方初级方法时使用的唯一手法，而且这个手法不仅在入门操作中用到，甚至速拧和盲拧都会用到，可以说是魔方玩家的必学手法。下面就来具体看一看。

一、右手手法

1. 起始手位

左手前后拿，大拇指在前，食指、中指、无名指在后面，小拇指自然放就可以。拿的时候要注意，正面的大拇指只拿左下的四个色块，后面三个手指同样只拿四块。拿好的时候可以转动魔方的顶层和右层，如果没有阻碍就说明是对的。在这个手法中，左手的作用是尽可能拿稳，以辅助右手转动，那么右手这个"主力选手"呢？首先摆出一个大"C"，食指、中指、无名指依次放到魔方顶层右侧的角块、棱块和角块上面，大拇指放在地下室右侧的棱块上面。

简单来说就是左手前后拿，右手上下拿。起始的手法一定要记牢拿对，其实只要手法没有问题，也就成功了一大半。有的小伙伴之所以经常做错，也是因为刚开始的手法没有拿对。

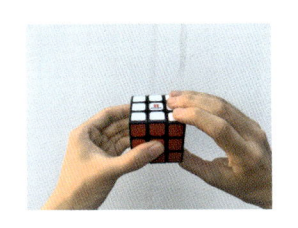

2. 具体转法

❶ 右层向上转动：右手手掌向上转动90°，手腕用力。

❷ 顶层向左转动：用右手食指向左拨90°，仅手指用力。

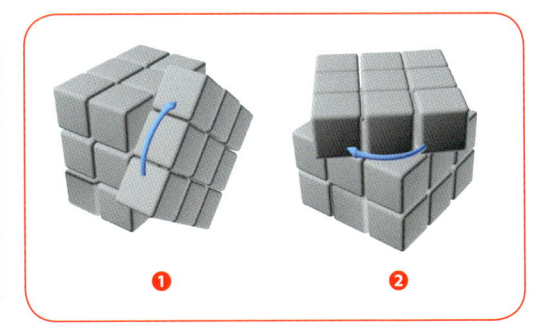

❸ 右层向下转动：右手手掌向下转动90°，手腕用力。

❹ 顶层向右转动：用左手食指向右拨90°，仅手指用力。

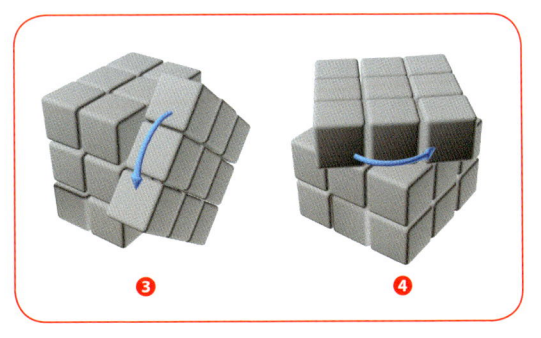

3. 注意事项

❶ 右手大拇指一直要抵在地下室右侧第二个棱块上面。
❷ 左手向右拨的时候，右手的食指、中指、无名指可以微微抬起来。
❸ 手法可以连续不停地做，不需要换手。不用换手也是这个手法快的主要原因。

手法学会以后，接下来的任务就是练熟。刚开始转的时候一定会很别扭，但是我们的大脑拥有很强的调整、纠错功能，只要按照正确的手法多加练习即可。当然练习也有一定的方法，刚开始一定不能图快，通过观察高手的慢动作回放视频可以发现，虽然他们转得很快，但是依然可以做到每一步转得特别到位，这就是日积月累、长期大量练习的结果。所以一开始练习手法时一定要心静，不求速度，只求每一步转到位。只要练习的次数多了，速度自然就上去了。其实做任何事情都是如此，只要不出错，就是最快的速度。

我们初级右手手法的标准速度是：6 遍右手手法在 6 秒钟以内完成。为什么是 6 遍呢？因为一个魔方做 6 遍右手手法，就会回到 6 遍之前的状态，也就是说对于一个复原好的魔方，再执行 6 遍手法就会再次复原，不信的话你可以尝试一下。什么？手里没有复原好的魔方？那就赶紧继续学习我们的教程吧！

二、左手手法

到目前为止，我们的右手手法应该已经很熟练了，接下来要继续提高难度了：左手手法。左手手法完全是右手手法的对称转法，也就是说右手怎么转，左手就怎么转。大家可以先自己尝试一下，相信大家可以很轻松地自己推导出来！

1. 起始手位

左手手法的握法：右手前后拿，左手摆出一个"C"，食指、中指、无名指依次放到魔方顶层左侧的角块、棱块和角块上，大拇指放在地下室左侧的棱块上面。

2. 转动方法

① 左层向上转动：左手手掌向上转动90°，手腕用力。

② 顶层向右转动：用左手食指向右拨90°，仅手指用力。

③ 左层向下转动：左手手掌向下转动90°，手腕用力。

④ 顶层向左转动：用右手食指向左拨90°，仅手指用力。

怎么样？有了右手的基础后左手手法是不是很简单？但是你可能会发现左手手法比右手手法更别扭，这是因为我们大多数人平时都习惯用右手多一些，但是没关系，因为我们有了它——魔方，益智神器。我们知道左手由右脑控制，右手由左脑控制，而魔方要依靠双手转动，所以一个小小的魔方就把我们的大脑充分锻炼出来了，那么就抓住机会让我们的右脑觉醒吧！

三、左右手的转动秘诀

到目前为止，我们已经学习了在初级方法中唯一需要记忆的手法。虽然很简单，但是一开始也会弄乱或者记不住。下面介绍几种常见的记忆方法，希望对于大家后面的记忆有所帮助。

1. 记口诀

右手手法：上左下右。左手手法：上右下左。这是最不推荐的一种记忆方法，因为口诀省略了很多重要信息，比如"上左下右"其实是"右层向上，顶层向左，右层向下，顶层向右"。所以如果不了解的话非常容易记错，这就是口诀记忆的弊病。

2. 画圆法

右手手法就用右手向里画圆，左手手法就用左手向里面画圆，然后按照画圆方向转动就可以。

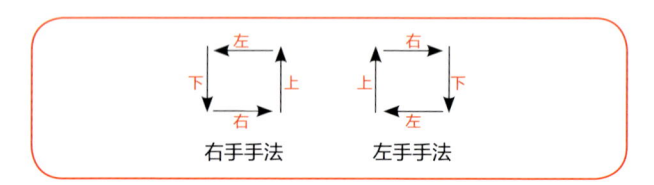

右手手法　　左手手法

3. 肌肉记忆法

第三种也是最推荐的方法：将手法记忆练习到肌肉记忆，比如正常持握魔方，如果需要用到右手手法，就把右手翘起来，前三步用右手做，最后一步用左手做。总结后就是：右手手法前三步用右手转，最后一步用左手；左手手法前三步用左手转，最后一步用右手。

一个手法做100遍，我不相信记不下来。

上面介绍的只是最简单的记忆方法，但是很实用。随着学习地逐步深入，我们还会介绍很多高级的记忆方法。相信学到这里，小伙伴们已经可以很熟练地转出左右手手法了。如果不是，请大家多加练习。因为从下一节开始，我们的每一步都需要用到左手、右手手法，而且一旦转错，就可能导致前功尽弃，需要从头再来，所以大家一定要夯实基础。

作业

1. 左手手法练到 6 秒钟内转 6 次。
2. 右手手法练到 6 秒钟内转 6 次。

注：可扫描二维码学习正确的左、右手手法。

第六节　第三步：第一层（白色角块）

思考环节

如何用我们已学的手法复原魔方的第一层？

正确　　　　　　错误

　　下面来学习第一层的复原。当第一层完成后，即在白色面复原的同时，白色面的侧面颜色也都相同，并且每一面都有一个小 T，这才是这一步拼完的结果。像上面右边的情况，虽然白色面好了，但是白色面的侧面不对，仅仅拼好了"一面"是不对的，我们要特别注意，这种情况的出现主要是因为没有执行"定位"这一步。下面就来具体学习一下第一层的复原方法。

一、一般情况

1.（观察）找白角

做完十字以后十字应该是在地下室的，不用换方向，之后在顶层找一个白色角块，比如下面的三个角块都是可以的。

2.（操作）定位

大家要注意这一步尤为重要，如果没有做这一步的话，就会变成思考题中错误的情况。定位的方法：先找到角块除了白色以外的两个颜色，再把这个角块放到那两个颜色的中心块的中间，比如找到的角块是白红蓝，我们就转动顶层，将这个角块放到红色和蓝色面的夹角上。如下三种情况都是可以的。

大家想一想为什么要这样放？中心块的作用是可以确定所在平面的颜色，所以目标位置的颜色应该是"白红蓝"，也就是我们把找到的块放到了应去位置的上面，下面的操作就是将这个角块转到地下室去。

3.（观察）方向

观察方向是指观察白色块在这个角块的哪个方向。其实角块只有三个方向：左、右、上。但是观察方向时大家容易理解为白色朝向哪边就是方向，比如有的时候，虽然白色色块是朝左的，但它是在这个角块的右边，所以应该是右边的情况，大家一定要注意，这一步问的是白色块在哪边，而不是朝向哪边。

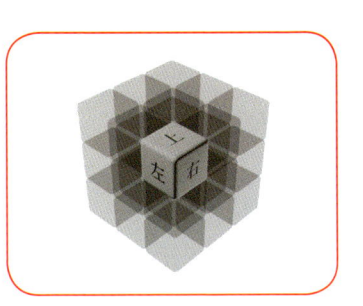

4.（操作）做手法

❶ 如果白色块在左边，就把白色块朝向左手手心，做一遍左手手法。

❷ 如果白色块在右边，就把白色块朝向右手手心，做一遍右手手法。

❸ 如果白色块在上面，那么将白色块放在左边或者右边，放在哪边就做该手手法三遍。

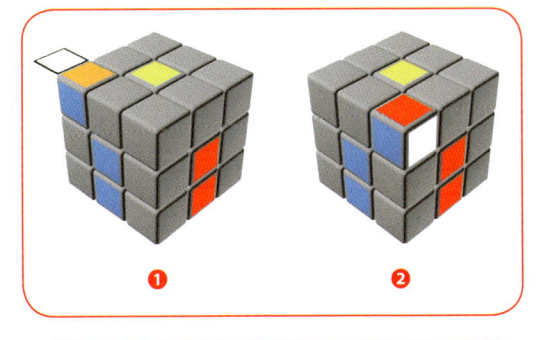

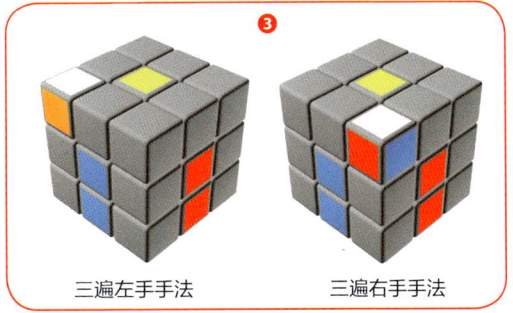

三遍左手手法　　三遍右手手法

怎么样，一个角块是不是就复原了？再重复上面的过程直到所有角块都归位。

二、特殊情况

在复原的过程中，其实每一步都会有"特殊情况"，但只要我们懂得每一步的原理就会发现，所谓的特殊情况，只不过是普通情况的变形而已，没有什么可怕的。

所有的特殊情况都可以用普通方法处理。 只要记住了这一法则，所有的特殊情况都不再特殊，都能迎刃而解。这一步的特殊情况如下图所示，角块都已在地下室。

再来复习一下特殊情况的处理方法：**所有的特殊情况都可以用普通方法处理。** 所以大家是不是应该明白怎么处理了呢？思路是这样的：之前学习的是从顶层做手法转到底层，但是现在的角块已经在底层了怎么办？我们可以随便用一个角块拼到底层角块的位置，将它换到上面，是不是就可以了？比如第一种角块在底层并且向左的情况，我们一起来"拷贝"一下第一层的四个步骤：

❶ **找白角**：已经找到就在底层。

❷ **定位**：这一步比较特殊，角块在底层已经"固定死"，因为底层不可以随意转动，转动的话十字的侧面就乱了，所以这一步可以略过。

❸ **方向**：角块的颜色在左边。

❹ **做手法**：角块的颜色在左边，所以让白色块朝向左手手心，做一遍左手手法。白色角块成功被换到顶上，之后的操作就又是套路了！

思考环节

如果不按照这个顺序来执行会怎么样呢？比如角块在底层时白色向左，放到右侧做一遍右手手法，会怎么样呢？角块在底层时白色向右，放到左侧做一遍左手手法，会怎么样呢？请小伙伴自己实验一下吧！

答： 做完右手手法以后，角块转到_____面，白色色块朝_____边；做完左手手法以后，角块转到_____面，白色色块朝_____边。

还有一种比较诡异的特殊情况，怎么拼都不对。

提示：拼的时候是完全按照我们的方法操作的，并没有拼错，大家想一想是什么问题呢？其实是中心块顺序错了。造成这种情况的原因只有一个：魔方被拆开过，中心块没有按照正确的顺序装上。

魔方六个面的颜色是有严格规定的，我们可以观察一下魔方的中心块，其中白色对黄色，因为它们是最浅的颜色；绿色对蓝色，因为它们都是冷色；红色对橙色，因为它们都是暖色。

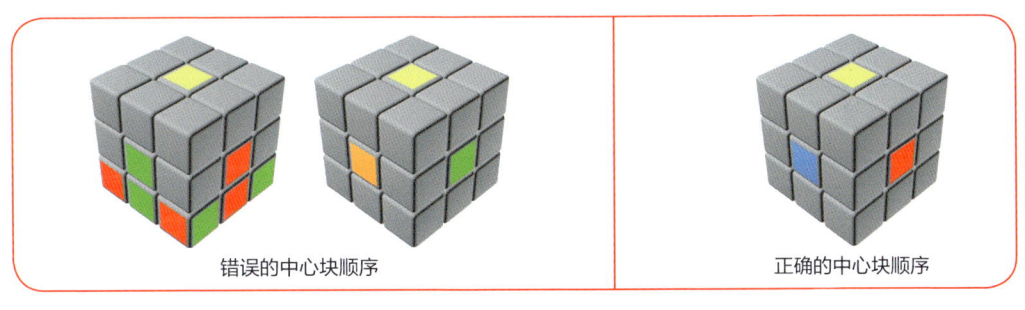

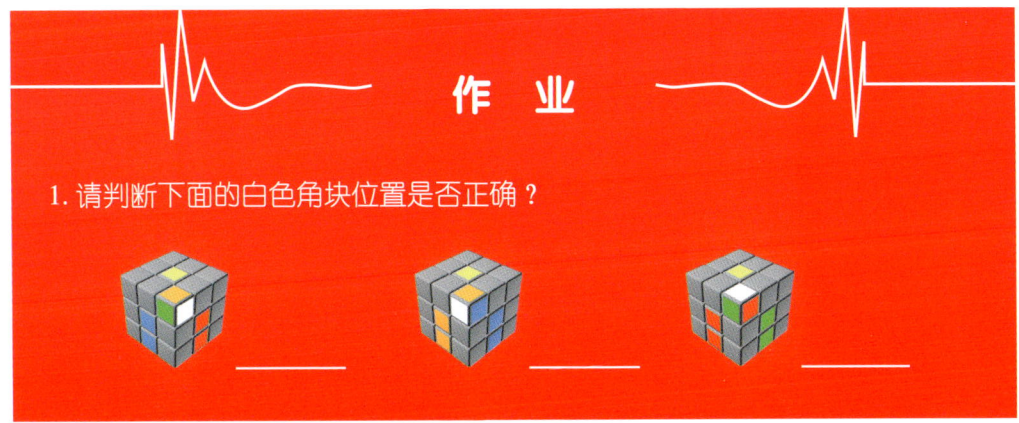

错误的中心块顺序　　　　　　　　　　正确的中心块顺序

作 业

1. 请判断下面的白色角块位置是否正确？

2. 判断下面白色块在角块的哪边？

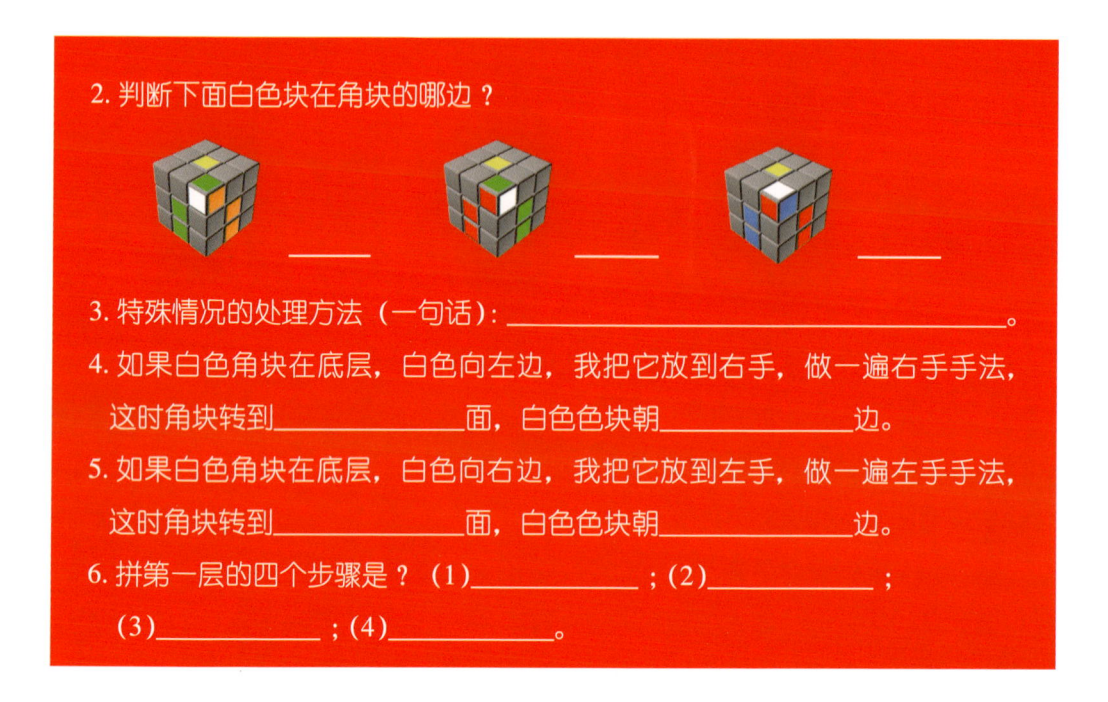

_____   _____   _____

3. 特殊情况的处理方法（一句话）：_____。
4. 如果白色角块在底层，白色向左边，我把它放到右手，做一遍右手手法，这时角块转到_____面，白色色块朝_____边。
5. 如果白色角块在底层，白色向右边，我把它放到左手，做一遍左手手法，这时角块转到_____面，白色色块朝_____边。
6. 拼第一层的四个步骤是？(1)_____；(2)_____；(3)_____；(4)_____。

第七节　第四步：第二层（第二层的棱块）

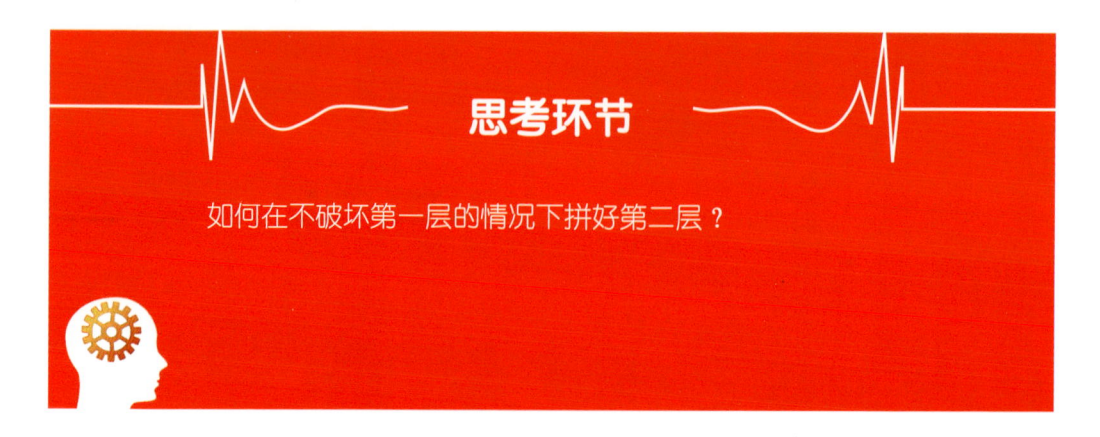

思考环节

如何在不破坏第一层的情况下拼好第二层？

　　三阶魔方的第二层是我们整套方法里面最复杂的一步，有多复杂呢？比第一层的四小步还多一步。但是只要第一层可以熟练复原，那么第二层也就没有任何问题了。第二层的拼法可以说是整套方法里最后的一个难点了，大家只要可以攻克，六面的复原就可"手到擒来"，让我们一起开始吧！

一、一般情况

先来回答一下上面的思考题，答案是：不可能在丝毫不破坏第一层的情况下拼好第二层。我们必须破坏，但是可以再用另外一种方式复原，这也是拼魔方的一种思路。

1. 在顶层找一个第二层的块

和我们之前的步骤一样，一开始肯定要找块，但是什么样的块才是第二层的块呢？请大家观察一下如下魔方，自己判断一下哪几个块是第二层的块？

上面图片中的红绿、橙绿棱块都是第二层的块。大家有没有找到什么规律呢？其实我们找第二层的块，就是要找没有黄色的块，简称无黄棱，这是为什么呢？因为我们顶层的中心块是黄色的，只要这个棱块有黄色，那么就可以断定它是第三层的块，而不是第二层的，所以我们要找的就是无黄棱。

2. 拼大 T

还记得拼完第一层以后，魔方的每一个面都有一个小 T，而这一步拼的是大 T。拼法和拼底面十字的操作一致，即观察棱块的侧面颜色，顶层不动转底下两层，找到相应的中心块即可。

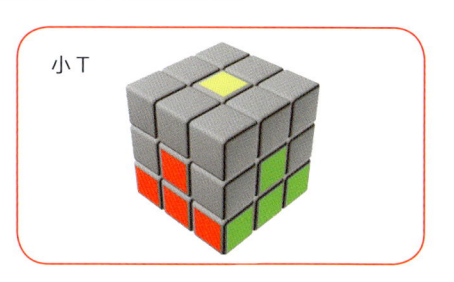

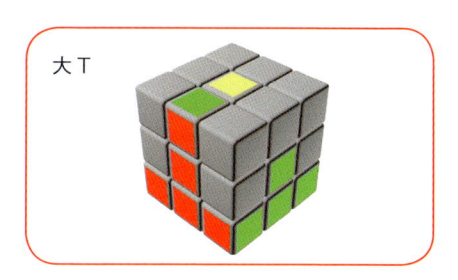

小 T

大 T

3. 远离

这一步和下一步非常容易出错呦。先判断一下我们要找的棱块应该去哪里，左边还是右边？判断方法很简单，只需要看这个棱块顶上的颜色和哪边（左边或右边）的中心块颜色相同就可以了，如果和左边中心块的颜色相同，则棱块应该去左边，我们就将顶层往右转一下，即远离；如果和右边中心块的颜色相同，则棱块应该去右边，我们就往左转一下，即远离。注：远离之后，魔方不要整体转动，之前是什么颜色朝向自己，远离完还是什么颜色。

4. "应该"去哪边就做哪边手法

应该去的方向和远离是相反的，比如刚才向右远离的，应该去左边就做左手手法；向左远离的，应该去右边就做右手手法。

5. 复原第一层

做完第一遍手法以后就会发现一个白色角块已经跑到上面去了，之后我们再用第一层的方法把它复原。下面用图示进行说明。

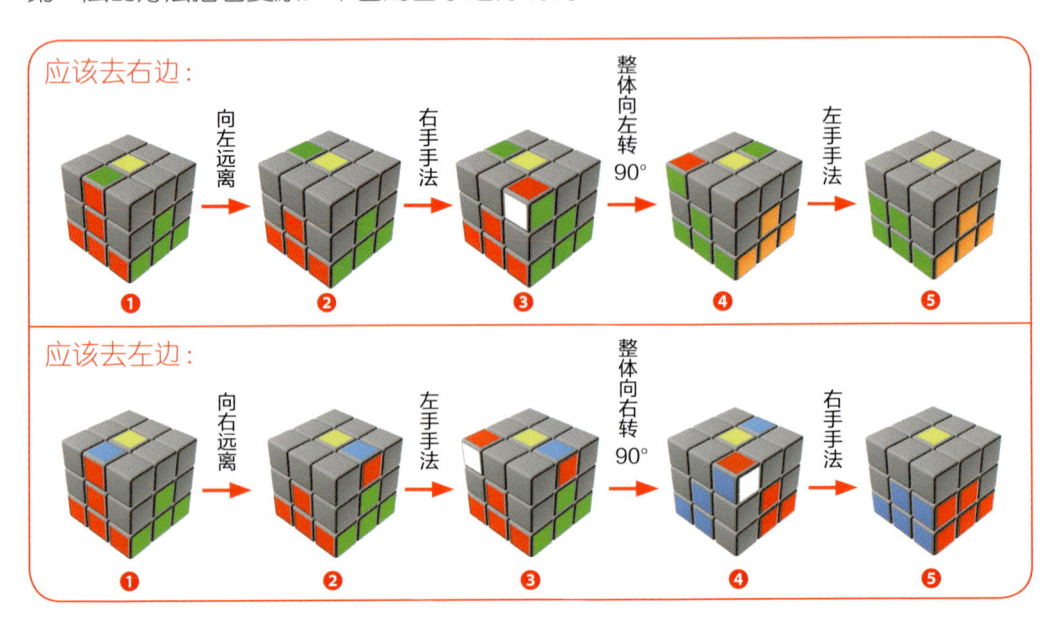

二、特殊情况

此处的特殊情况是指在第三层找不到无黄棱，每个棱块都有黄色，但是前两层却没有复原；或者第二层有一个（或者多个，最倒霉时 4 个均错）棱块位置正确但是方向相反，如右图所示。

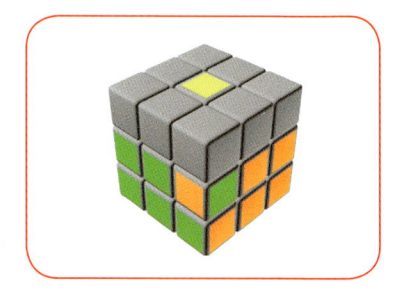

我们再复习一下特殊情况的处理方法：所有的特殊情况都可以用普通方法处理。普通方法是把顶层的棱块换到第二层，所以只需要随便把一个棱块换到第二层，把之前的棱块换到顶层就可以了。但是细心的朋友可能已经发现了，既然是随便换一块，那么前三步都可以不执行了，所以这种特殊情况就简化为：如果需要换出来的棱块在左边，就做一遍左手手法，魔方转体，再做右手手法；如果需要换出来的棱块在右边，就做一遍右手手法，魔方转体，再做左手手法。

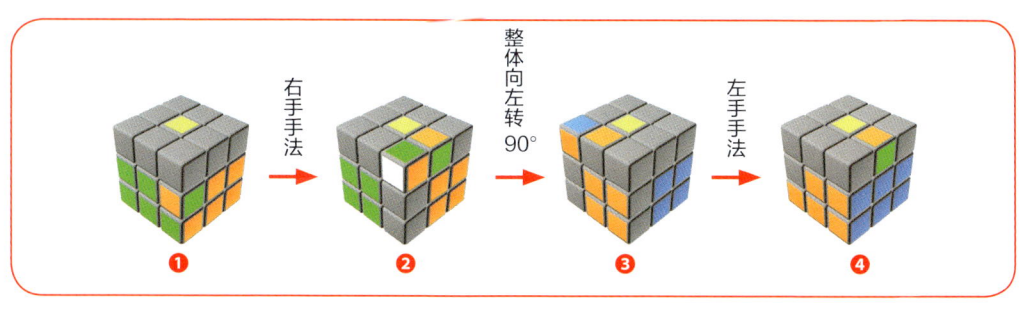

作 业

1. 第二层的棱块有什么特点？_____。
2. 拼第二层的 5 个步骤是？(1)_____；(2)_____；(3)_____；(4)_____；(5)_____。
3. 大 T 的拼法和之前哪一步的方法是一样的？_____。
4. 下面两种情况，棱块应该往哪边远离？远离后应该做哪边的手法？

向____边远离后，做____手手法　　　　向____边远离后，做____手手法

5. 右面这种特殊情况怎么处理？_____。

第八节　第五步：顶面十字（顶面棱块方向）

思考环节

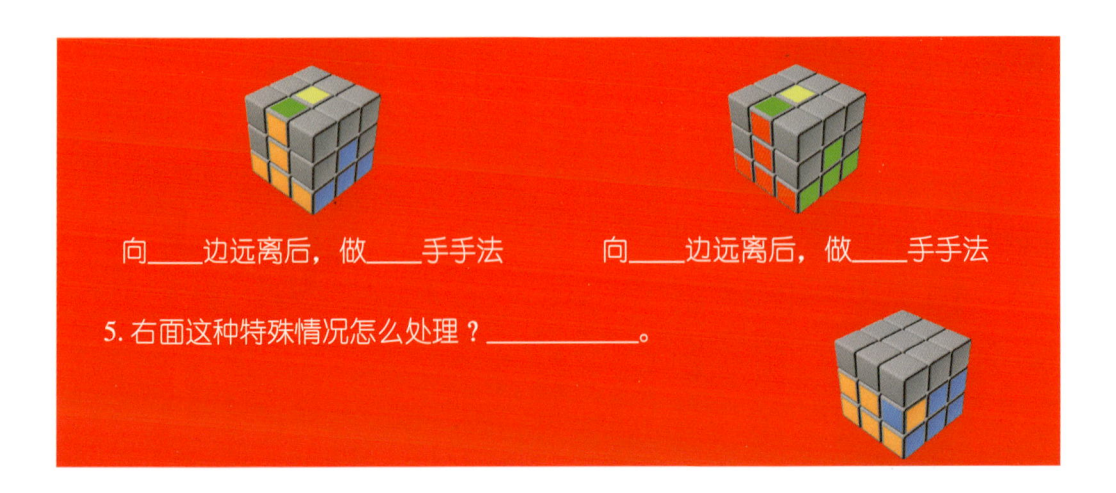

我们这一步的目标就是做出顶层十字，应该如何操作呢？

当我们将前两层复原好后，会出现以下 4 种情况。

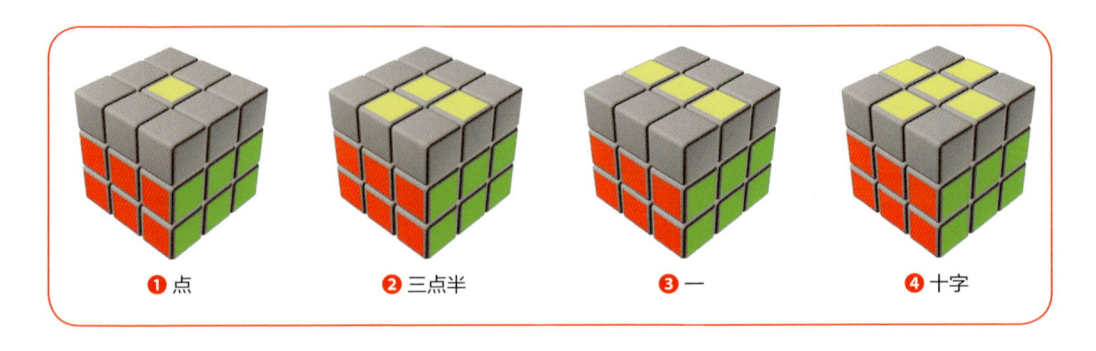

❶ 点　　　　❷ 三点半　　　　❸ 一　　　　❹ 十字

我们在分情况的时候一定要注意，只看棱块的颜色，与角块的颜色没关系。

顶面黄色的情况总共有57种，但是只看棱块的话只有上面4种，所以大家要细心区分。虽然这一步有4种情况，但是处理的方法都是一样的：前面一层顺时针旋转90°＋右手手法＋前面逆时针旋转90°。首先前面顺时针，只需要食指在现有位置向下一拨即可，接下来直接做一遍右手手法。最后前面逆时针是用大拇指向上拨。这时大拇指可能比较难控制，但是多加练习就好了。

❶ 顺时针旋转90°　　❷ 右手手法　　❸ 逆时针旋转90°

第一种是点的情况，因为点是中心对称图形，所以任何方向都可以，直接做上面的操作就可以了。第二种"三点半"的情况是有方向的，只能把黄色的棱块放在"三点半"或"九点"这两个位置，否则做不出下一步。第三种"一"字的情况，只要把"一"横着放，而不是"1"就可以了。最后的十字就是完成态，如果你做完前两层就出现了顶面十字，那么恭喜你，你跳步了！加油，说不定这次成绩不错呢！

作 业

1. 判断是哪种情况：点、三点半、一、十字？

2. 前面一层顺时针旋转90°时应该用哪个手指转？_____

3. 前面一层逆时针旋转90°时应该用哪个手指转？_____

第九节　第六步：顶面角块位置

思考环节

如何判断一个角块的位置是否正确？

接下来开始复原顶层角块位置，如下图所示。

猛得一看好像和上一步没有区别，但是其实所有的角块位置都正确了，比如上图黄红绿那个角块，和它相邻的三个中心块颜色一致，所以它的位置正确。我们只需要将这个角块顺时针转 120°，也就是我们下一步需要做的工作。

我们首先要找到两块位置正确的角块，或者四个都正确（若四个都正确就可以跳步了，太开心了），有下面 3 种情况。如果只找到一个角块位置正确，那么转动顶层继续寻找。

相对的角块位置正确　　　相邻的角块位置正确　　　四个角块位置都正确

三种情况的操作方法一样，即黄色面向上，按照上面的方位摆放：先做三遍右手手法，把白色角块放到左手再做三遍左手手法。做完之后再判断一下情况，角块相对的情况会变成角块相邻的，角块相邻的将变成四个都正确。

三遍右手手法 → 整体向左转动90° → 三遍左手手法

这一步的操作和原理很简单，但是一开始的难度在于判断位置，所以这里介绍一种简单的位置判断方法：**只要角块和相邻中心块（或棱块）有情侣色，那么就是位置错误。** 情侣色就是：白和黄，蓝和绿，红和橙。比如我们看下面几个例子，怎么样？是不是容易判断了呢？

蓝绿情侣色位置不对　　蓝绿情侣色位置不对　　红橙情侣色位置不对　　位置正确

作 业

1. 快速判断下面的角块位置是否正确：

_____　　_____　　_____　　_____　　_____

2. 如果是相邻的两个角块位置正确，应该怎么办？_____。

3. 如果是相对的两个角块位置正确，应该怎么办？_____。

4. 交换角块位置的操作方法是？_____。

第十节　第七步：顶面角块方向

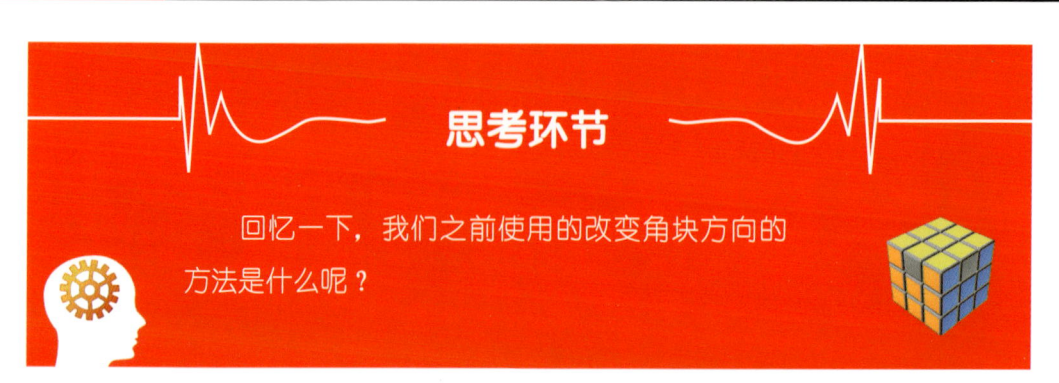

思考环节

回忆一下，我们之前使用的改变角块方向的方法是什么呢？

这一步的目标是把所有黄色角块的黄色都翻到黄色面上，需要特别注意的是复原过程中我们会先把前两层打乱再复原，所以一定要完全按照要求来做，否则就只能从头拼了。这一步有两个需要注意的要点：

❶ **公式做全**：细心的小伙伴通过观察之前的步骤可能已经发现，有些步骤手法的最后一步是可以省略不做的，但是在这一步，公式一定要做全，否则魔方是复原不了的。

❷ **左手不动**：左手在这一步自始至终都是前后拿着魔方，一开始什么颜色朝向你，最后依然是什么颜色朝向你，千万不要换方向。

这一步的具体步骤如下：

❶ 先将黄色面放到底下，把一个方向不对的角块放到右下角。

❷ 观察角块方向，如果黄色角块向右，则做两遍右手手法；如果黄色角块向前，则做四遍右手手法。

+ 两遍右手手法 = 角块方向正确

+ 四遍右手手法 = 角块方向正确

❸ 该角块的方向正确后，左手不动转底层，把另外一个方向不对的角块放到右下角。重复第二步直到所有的角块方向都正确。

❸ 方向正确了，可以换位置

这一步也会遇到"特殊情况"：明明操作没有问题，但是前两层被打乱了或者只有一个角块方向不对。其实这种情况并不是什么特殊情况，而是魔方装错了或者在转动魔方的时候，因为手法或者魔方结构的问题导致的角块扭转。这种情况的解决方法非常简单粗暴，就是直接拧过来。但是大家经常遇到的是下面左边的情况，也就是魔方黄面复原了，但是前两层没有复原。其实只要再做几遍右手手法，变成右边的情况就会发现是角块转角了。

作 业

1. 顶层角块方向这一步在操作之前，应该把_____色放到底下。
2. 如果角块的黄色向右，那么需要做_____遍右手手法；如果角块的黄色向前，那么需要做_____遍右手手法。
3. 调整顶层角块方向这一步时两个最需要注意的点是：
   (1)_____；(2)_____。
4. 右面的情况应该如何处理？

第十一节　第八步：顶面棱块位置

思考环节

大家观察一下，最后一步总共有几种情况？它们的特点分别是什么？

首先要恭喜各位小伙伴，只差最后一步就可以将魔方复原了！加油！大家观察一下这一步的特点：除了顶层棱块位置不对以外，其他都正确。最后一步，其实只有四种情况。

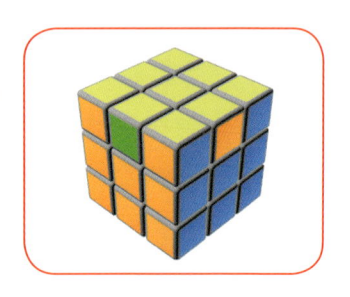

一、三个棱块位置错误，需要顺时针依次交换顺序

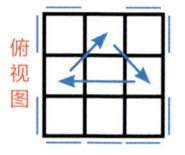

俯视图

公式（以黄色面为顶面，将颜色正确的面朝向自己）：
左手手法 ×1+ 右手手法 ×1+ 左手手法 ×5+ 右手手法 ×5

二、三个棱块位置错误，需要逆时针依次交换顺序

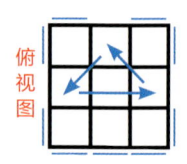

俯视图

公式（以黄色面为顶面，将颜色正确的面朝向自己）：
右手手法 ×1+ 左手手法 ×1+ 右手手法 ×5+ 左手手法 ×5

大家可以理解为观察哪边的棱块要到后面去（后面的面"缺"什么颜色）：如果是左边的棱块要到后面去，就先做一遍左手手法再做一遍右手手法；后面的 5 遍左手手法和 5 遍右手手法是为了复原前面的手法，因为 6 遍手法可以复原。右边的情况反之。

注意：顺序一定不能修改，一定要在判断完方向以后操作："1 左 1 右 5 左 5 右"或者"1 右 1 左 5 右 5 左"。如果做成了"1 左 1 右 5 右 5 左"或者"1 右 1 左 5 左 5 右"，大家思考一下会发生什么情况呢？

三、两种特殊情况：四个棱块位置均错误

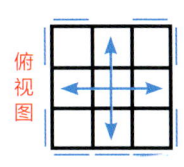

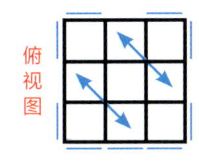

公式：

1 左 1 右 5 左 5 右 或 1 右 1 左 5 右 5 左

还记得处理特殊情况的通式吗？所有特殊情况都用一般方法处理。

所以两种特殊情况只需要通过："1 左 1 右 5 左 5 右"或者"1 右 1 左 5 右 5 左"操作就会变成上面的第一种、第二种情况了。怎么样，是不是特别简单？

到目前为止，大家应该已经成功复原了三阶魔方，尽情享受成功的喜悦吧！

作业 + 总结

下面 4 种情况应该如何处理？

第三章

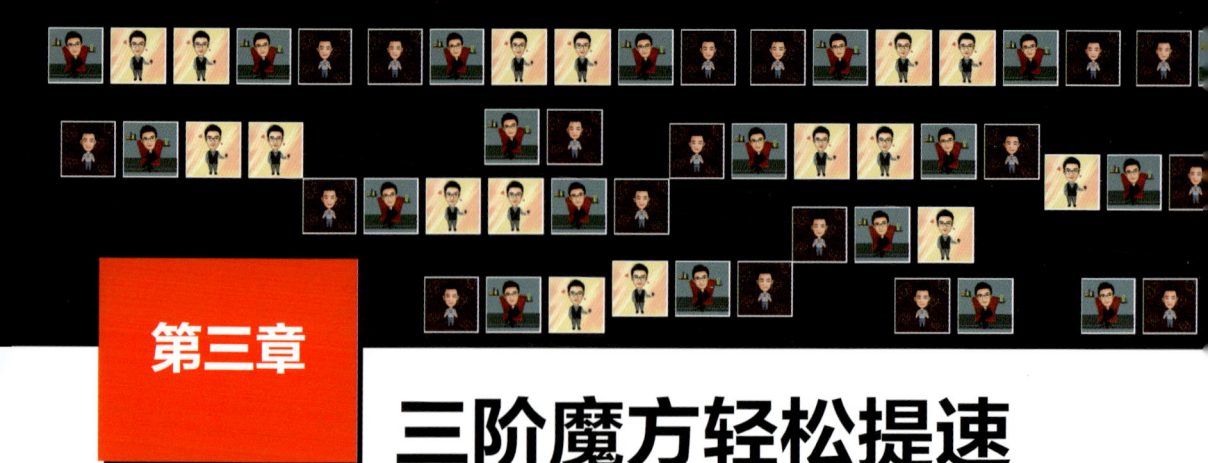

三阶魔方轻松提速

第一节　一分钟看懂魔方公式：不会看公式的 Cuber 不是好老师

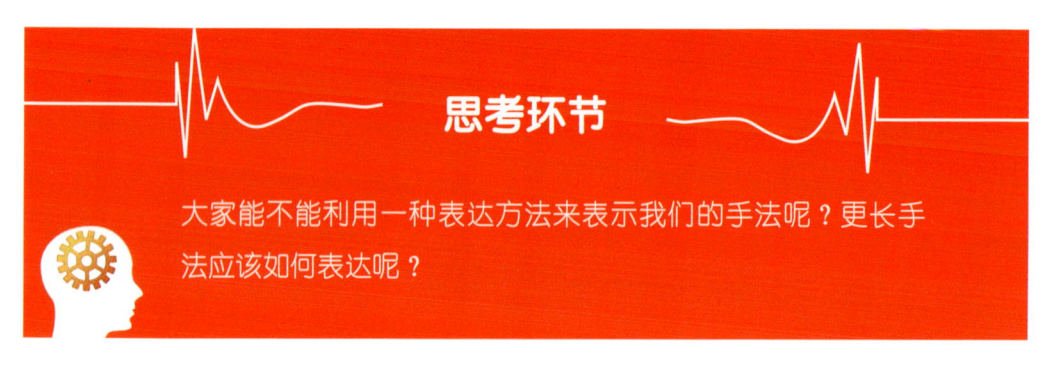

思考环节

大家能不能利用一种表达方法来表示我们的手法呢？更长手法应该如何表达呢？

到目前为止，大家已经可以独立复原三阶魔方了！快给自己鼓掌鼓励一下吧！虽然我们实现了童年的梦想，但是孙老师不由自主地冷笑一下：嘿嘿，欢迎入"坑"。复原魔方后看似已经完成了目标，但是亲爱的，请看一下这本书的页数，再翻到最后，你是不是明白了——这才是万里长征的第一步啊！

孙老师在之前的初级魔方复原教程里多次"鄙视"公式入门法，但是不得不说，学习公式还是非常有必要的。

首先，公式看似麻烦，但其实是大幅度减轻了工作量。如果没有公式，我们每一条手法都需要录视频，加上配音、字幕，学习成本太高，而且不易重复，难道每条公式都要翻来覆去地查看视频教程吗？

其次，公式所包含的信息量非常大，不仅包含魔方的转动方法，还包含转动手法，比如 U2 和 U'2 都表示顶层转 180°，但是 U2 表示顺时针转动 180°，也就是右手食指中指联拨；而 U'2 则是逆时针转动 180°，也就是左手联拨。别小看这左右手的区别，这将直接影响一条公式的时间，所以，公式就是一条手法的最简表达方式。

　　最后，公式的用途很多，比如平时练习复原时、学习魔方解法时、正式比赛打乱时，都需要用到公式。正可谓魔方公式无处不在，所以学习魔方公式还是十分必要的。

魔方的某个面

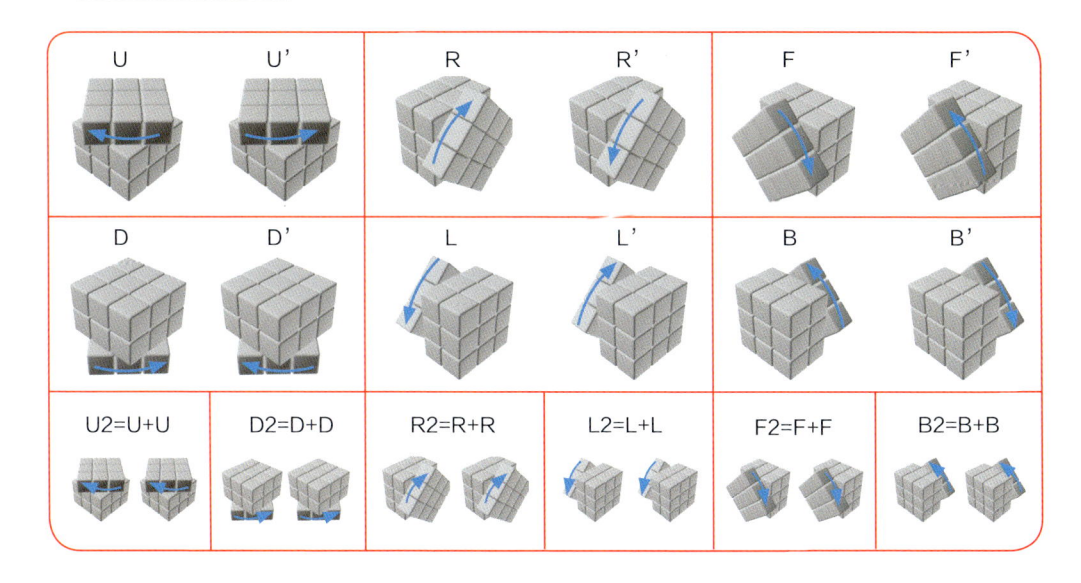

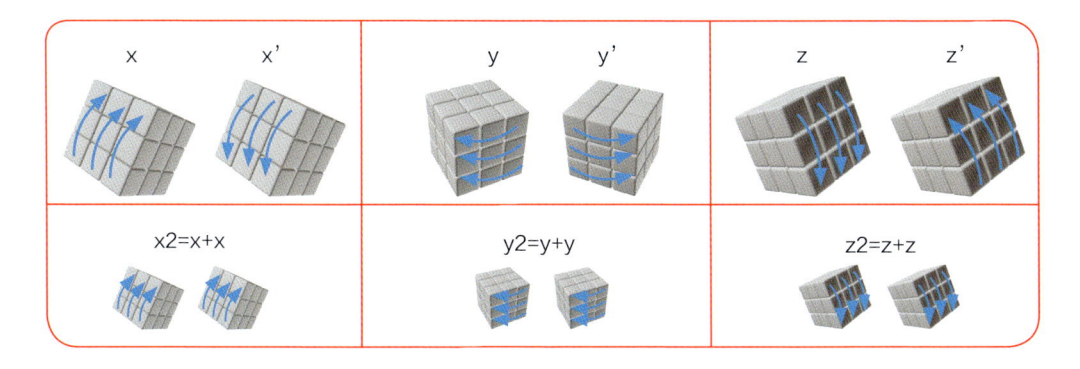

U	U'	R	R'	F	F'
D	D'	L	L'	B	B'
U2=U+U	D2=D+D	R2=R+R	L2=L+L	F2=F+F	B2=B+B

整个魔方

x	x'	y	y'	z	z'
x2=x+x		y2=y+y		z2=z+z	

魔方双层转

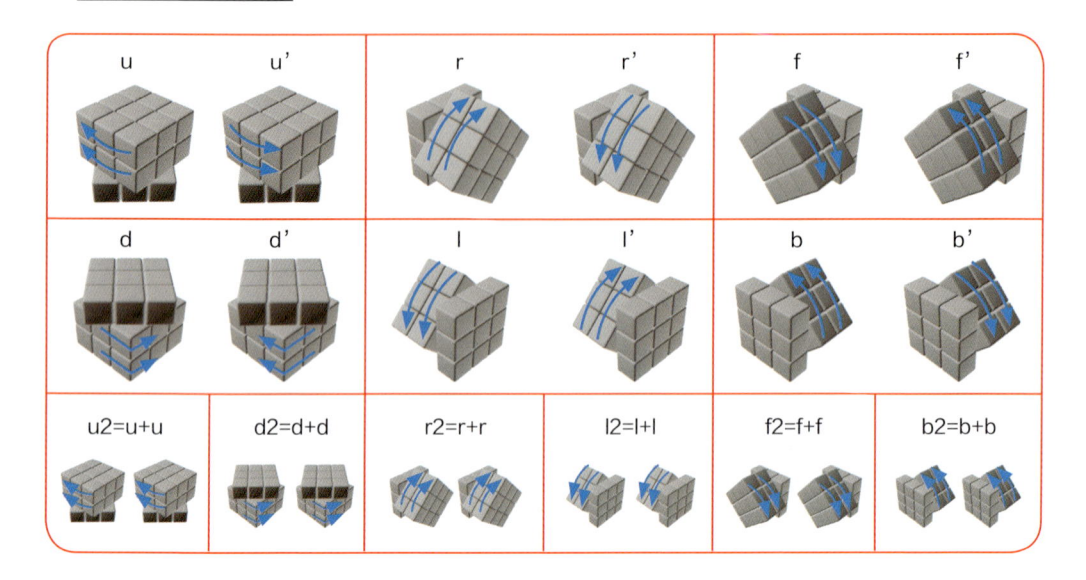

u	u'	r	r'	f	f'
d	d'	l	l'	b	b'
u2=u+u	d2=d+d	r2=r+r	l2=l+l	f2=f+f	b2=b+b

中间层

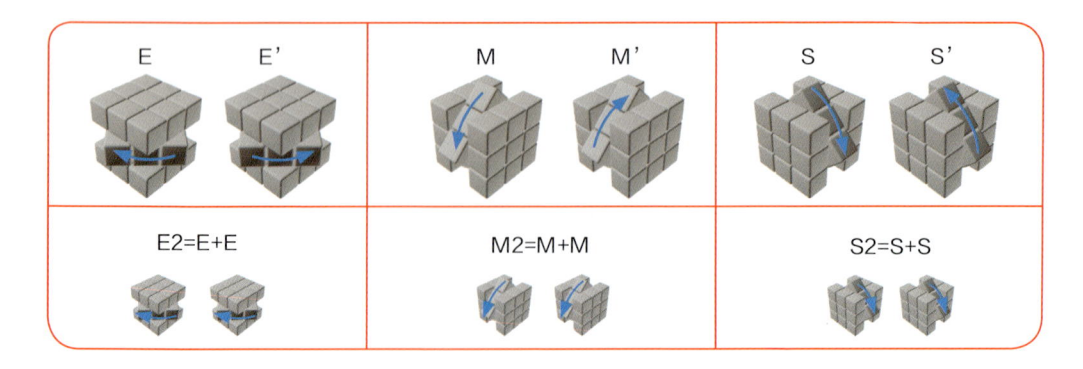

E	E'	M	M'	S	S'
E2=E+E		M2=M+M		S2=S+S	

那有人可能要问了：我现在已经会复原魔方了，我对速度也没有什么高的追求，干嘛还要学习公式呢？其实孙老师之前也是这么想的，刚学习魔方时觉得可以复原就了不起了，但是随着不断地练习，速度也就越来越快，魔方对于速度的追求就像个无底洞，但它是一个蕴藏无限宝藏的金矿。

下面就来具体看一看魔方的公式表达法，不要害怕，非常简单，只需要一点点的耐心。

我们可以总结为以下几条规律。

❶ 每个字母代表一个单词简称：

| U=up（顶面） | D= down（底面） | F= front（前面） |
| B= back（后面） | L= left（左面） | R= right（右面） |

❷ "'"代表逆时针转动，没有"'"代表顺时针转动。注意：每个面的顺逆要先将该面朝向自己再进行判断，比如 L 和 R，L 是向靠近自己的方向转动，L' 是向远离自己的方向转动；R 是向远离自己的方向转动，R' 是向靠近自己的方向转动。

❸ 大写代表一层，小写代表两层。

❹ 魔方整体转动时，x 跟 R 的方向一致；y 跟 U 方向一致；z 跟 F 方向一致。

❺ 中层转动时，M 和 L 方向一致；E 和 U 方向一致（几乎不用）；S 和 F 方向一致（几乎不用）。

相信看到这里，小伙伴们已经明白了魔方公式的含义，只不过还需要一些时间熟悉而已。对于分不清顺时针和逆时针的小伙伴，这也是一次难得的锻炼机会，而且这只是学习魔方道路上一个微不足道的"难题"，相信你一定可以克服！

作业

请填写相应公式。

魔方的某个面

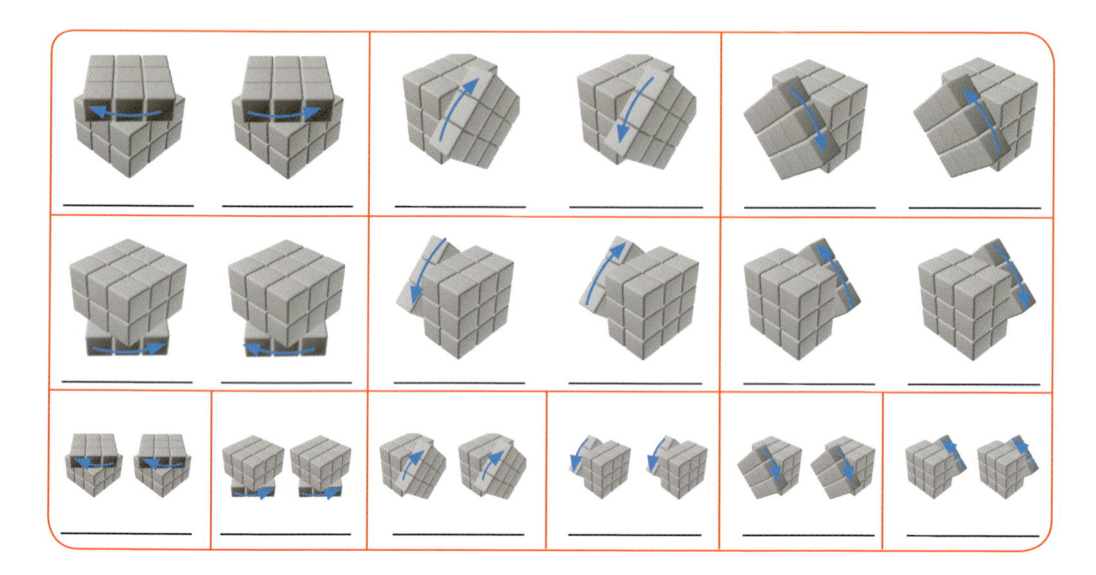

整个魔方

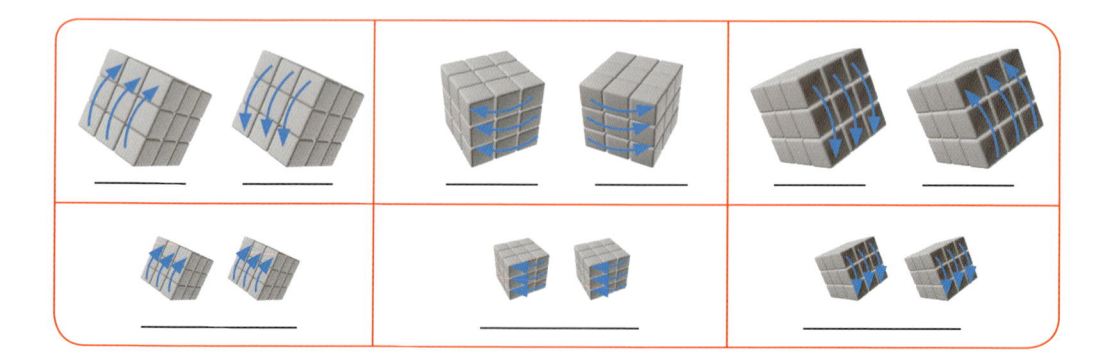

魔方双层转

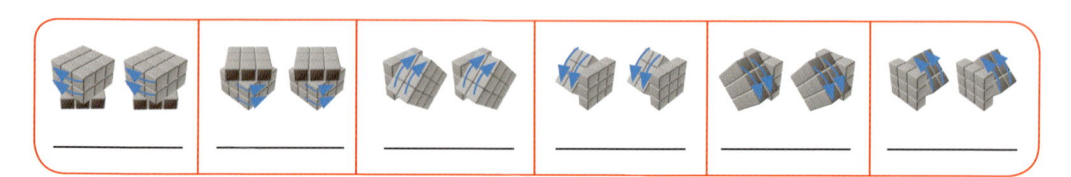

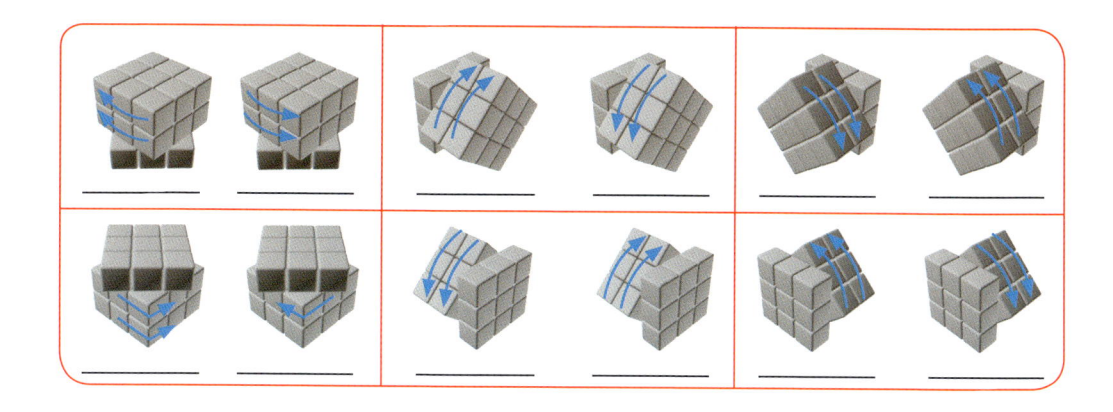

中间层

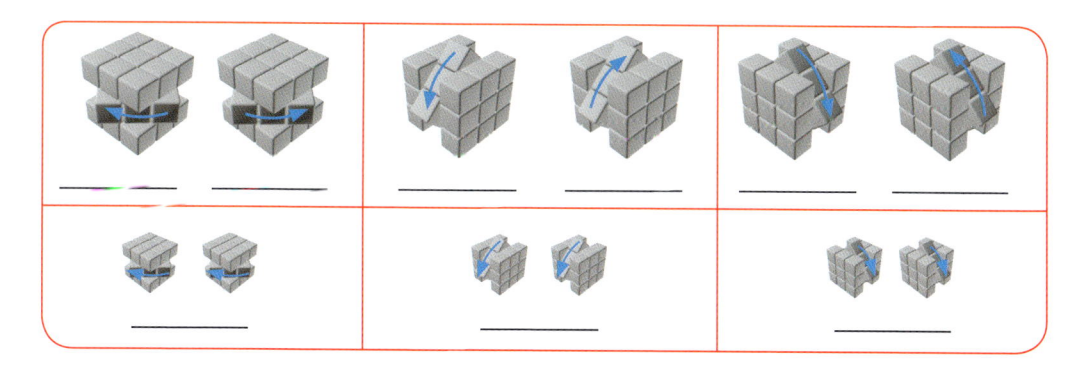

第二节 提速攻略 —— 一条公式轻松提速 60 秒之顺三角换的应用

思考环节

在我们的入门方法里，你觉得哪一步是最慢、最浪费时间的呢？

我们为什么要提速？因为懒，我个人觉得社会的进步都是懒人推动的，比如缆车。下面开始学习三阶魔方入门玩法的提高部分，重点讲解如何在现有系统上，以最小的成本（仅仅学习一条新公式），缩短复原时间（最快复原时间可以达到30秒以内）。

我们在学习之前先回想一下，在原有的复原方法中哪一步是最浪费时间的呢？毫无疑问是第六步，顶面角块位置的复原。因为这一步的观察实在是太难了，不用说我们的学生，孙老师也觉得这一步不合理，对于观察的要求太高，所以本节就来处理这个问题，一条新的公式亮相：

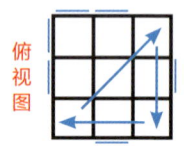

公式：
x' R2 D2 (R' U' R) D2 (R' U R')

这条公式就是鼎鼎大名的"顺三角换"或者大L公式。我们看上面的示意图，这条公式的作用是顺时针交换顶面三个角块的位置而不影响其他块。这条公式非常重要，也最常用，在速拧CFOP及盲拧中都需要用到。而且这个公式比较短，只有9步。

摆放方法：将黄色面朝向自己，同一平面角块颜色相同的那面放在右边，注意：如果没有角块颜色相同的面，那么黄色面朝向自己，执行一遍公式后就会出现颜色相同的面，按照上面的摆放方法再做一遍公式（总共两遍）即可！大L公式的操作方法如下。

❶ x'：首先将黄色面朝向自己，然后找一找有没有同一平面两个角的颜色相同，若有则将这两个角放到右手边。

❷ R2：将最右面一层旋转180°，出现一个1。

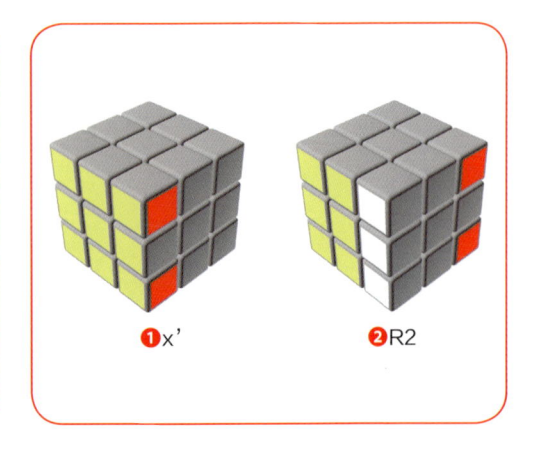

❶ x'　　❷ R2

❸ D2：再将底层旋转180°形成一个反L的样子，这个白色棱块像不像大L的尾巴？

❹ R'：我们将右面一层向下转，由于大L露出了尾巴，变得害羞了，所以大L藏到了魔方的下面。

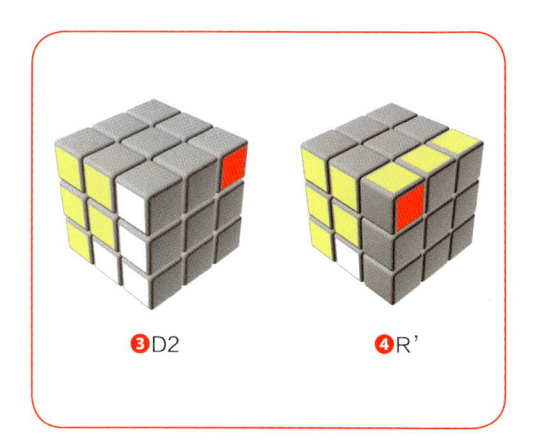

❸ D2　　　　❹ R'

❺ U'：将魔方顶层向右转，大L虽然藏了起来，但是它特别好奇，所以不经意间从左边露出了一双小眼睛。

❻ R：再将右面一层向上旋转，大L看了看没有什么危险，就把整个身子都露了出来。

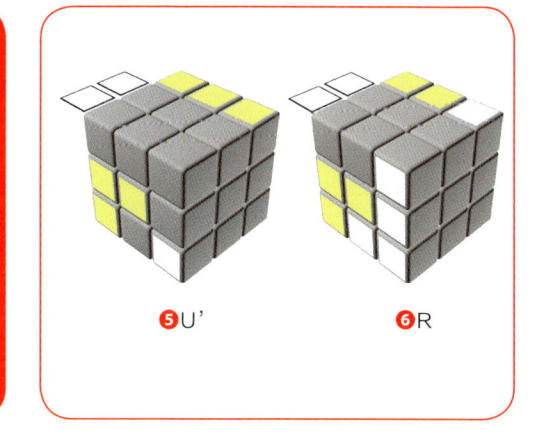

❺ U'　　　　❻ R

❼ D2：将最下面一层旋转180°，大L觉得尾巴露出来太难为情了，所以又把尾巴收了回去。

❽ R'：右面一层向下转动，将白色大L藏到魔方下面，大L觉得光藏尾巴是不够的，必须把自己藏得严严实实才踏实。

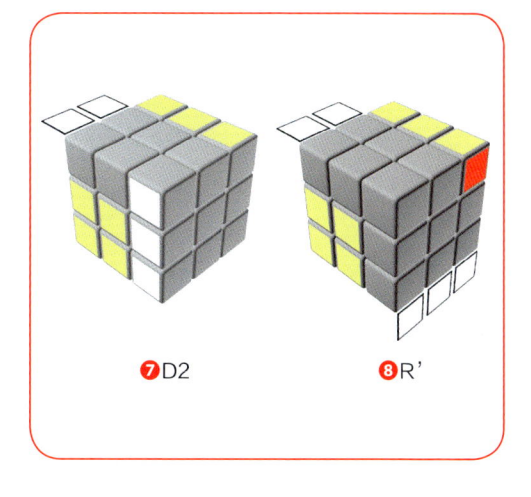

❼ D2　　　　❽ R'

⑨ U：之后顶层向左旋转，将眼睛放到魔方的后面。

⑩ R：最后将黄色面补齐就好了。

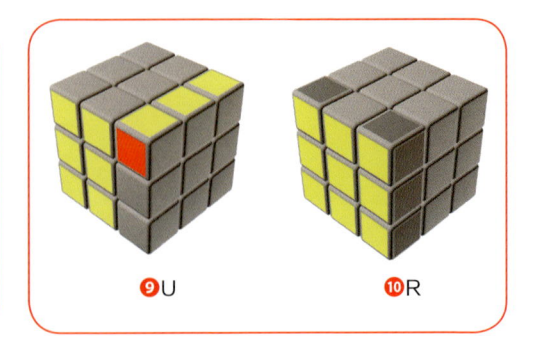

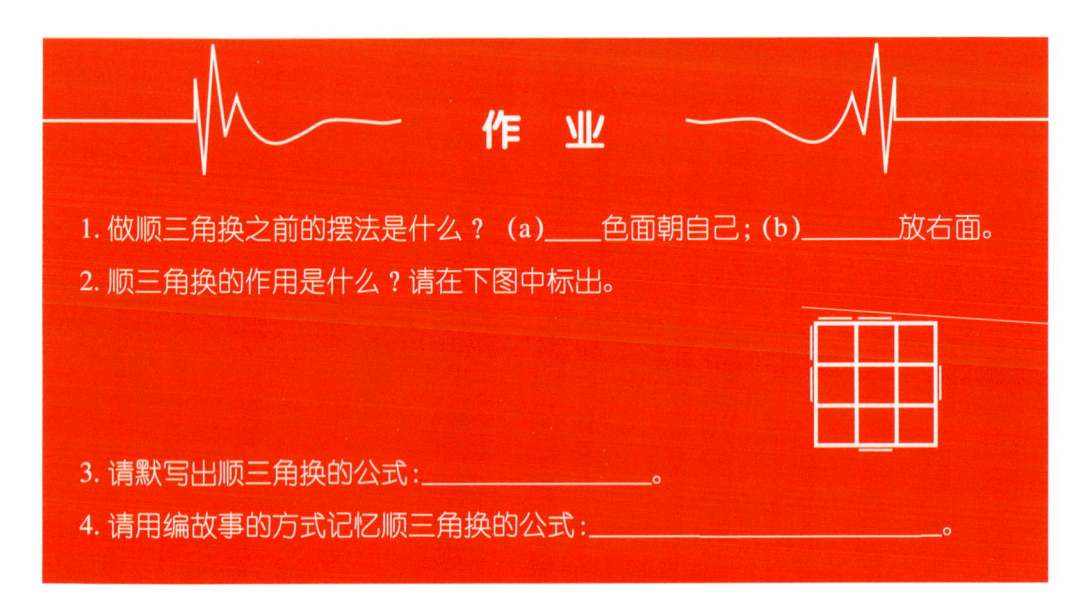

❾U　　　❿R

作 业

1. 做顺三角换之前的摆法是什么？(a)＿＿色面朝自己；(b)＿＿＿＿放右面。
2. 顺三角换的作用是什么？请在下图中标出。

3. 请默写出顺三角换的公式：＿＿＿＿＿＿＿＿。
4. 请用编故事的方式记忆顺三角换的公式：＿＿＿＿＿＿＿＿＿＿。

　　现在我们的角块位置已直接复原了，是不是十分简单？观察起来几乎没有难度，唯一的问题是记忆公式。大家可能一看到这么多的英文字母头都大了，但是其实记忆公式有很多方法，正如上面展示的故事记忆法。我们把比较枯燥的魔方转动操作编成一个小故事：《害羞的大L》，十分生动形象，相信大家只要跟着故事走几遍，就可以很轻松地把这条公式记下来了。

　　当然光记下来还是不够的，需要把它练熟，练到多熟呢？练到条件反射，形成肌肉记忆。这里有两个标准可任选其一进行衡量：第一，如果可以一边说话，一边做出这个公式不用思考，那么说明已经形成了条件反射；第二，可以在1.5秒以内就执行完这条公式，也同样说明足够熟练了，因为 1.5 秒的时间是来不及思考的（但是人外有人，天外有天，这条公式有人可以 0.7 秒甚至更快就做出来，扫码回复"顺三角换"来观看手法视频吧）！

第三节　逆公式的运用

思考环节

看完了上节的分析，现在你觉得还有哪步是最慢、最浪费时间的呢？

至此，我们已经学习了公式表达法，下面请小伙伴自己尝试写出左右手手法的公式：

右手手法：＿＿＿＿＿＿＿＿＿＿＿＿＿＿＿＿

左手手法：＿＿＿＿＿＿＿＿＿＿＿＿＿＿＿＿

大家看，一条 4 步的手法变成了简单的 4 个字母，是不是简单明了？下面请小伙伴们继续思考，在我们的初级方法中，还有哪个步骤你认为是最慢的呢？

我个人觉得应该是最后一步，即棱块位置这一步。因为需要做 12 次手法，总共 48 步，其中的 5 遍左右手公式实在浪费时间，比如下面这种情况：

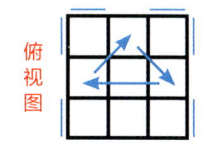

俯视图

我们需要执行：

1× 左手手法 + 1× 右手手法 + 5× 左手手法 + 5× 右手手法

(L'U'LU)　　(RUR'U')　　(L'U'LU)5　　(RUR'U')5

所以，大家可以思考一下，有没有什么简便方法呢？我们回忆一下当初学习这一步时，先做"一遍左 + 一遍右"，之后再做"五遍左 + 五遍右"。后面的五遍手法其实只是为了把前面一遍手法导出的块倒回去。因为我们知道，一个复原的魔方转动六次手法就可以复原，所以才有了后面的五遍手法。提示到这里，再结合我们的标题"逆公式的应用"，大家是不是想到了什么呢？没错，那就是运用我们的逆公式。所谓逆公式就是：怎么转过来的，就怎么倒回去：

正公式 + 逆公式 = 初始状态

大家可以先拿一个复原好的魔方做一遍右手手法，在尝试一下能不能退回去，变成复原态；左手同理。下面我来提示一下，右手手法是：右面向上 + 顶面向左 + 右面向下 + 顶面向右。所以逆回去就是：顶面向左 + 右面向上 + 顶面向右 + 右面向下。于是就得到了右手逆公式：URU'R'，同理可得左手逆公式：U'L'UL。

下面我们来验证一下：

右手正公式 + 右手逆公式 = RUR'U' + URU'R' = 初始状态
左手正公式 + 左手逆公式 = L'U'LU + U'L'UL = 初始状态

我们从公式中可以看出，之所以魔方会复原，是因为公式里面的 R 和 R'、U 和 U' 及 L 和 L' 都抵消了，所以我们的实操和公式推理是吻合的。这种正逆公式的推理在日后的学习中还会经常遇到，并且以后的公式会比左右手公式长很多，所以这就需要我们了解逆公式的推理方法。我来帮助小伙伴们总结一下逆公式的推理方法，其实只需要两点：(1) 正公式倒写；(2) 顺逆时针互换，比如尝试一下下面这条打乱的公式：

B D F' R2 D2 F2 R' L F' B2 L B2 D2 L2 F2 D2 L' B2 R U'

请大家自己写出这条公式的逆公式吧！（答案见下页）

下面我们拿一个复原好的魔方做上面的打乱公式，再做打乱公式的逆公式，如果操作没有问题的话，魔方就能复原了！所以再回到我们的初级方法最后一步，就变成了：

> 1× 左手手法 + 1× 右手手法 + 1× 左手逆手法 + 1× 右手逆手法
> (L' U' L U)　(R U R' U')　(U' L' U L)　(U R U' R')

是不是清爽多了？一下子节省了 24 步，时间自然可以缩短很多。同理，可以得到：

> 1× 右手手法 + 5× 右手手法 = 1× 右手手法 + 1× 右手逆手法 = 初始状态
> 5× 右手手法 = 1× 右手逆手法

除了最后一步以外，还有一步可以运用到逆公式。大家可以继续思考，现在最复杂的步骤是哪一步？我觉得是第 5 步，即调整角块方向，因为如果角块底色向前的话，就需要执行 4 遍操作。现在我们有了逆公式这个神器，这一步也可以优化。

如果角块底色朝前的话，只需要转两次右手逆公式就可以了。因为我们上面推出：

> 5× 右手手法 = 1× 右手逆手法

所以：

> 2× 右手逆手法 = 10× 右手手法

因为 6 次手法为一个循环，所以：

> 2× 右手逆手法 = 10× 右手手法 =（10-6）× 右手手法 = 4× 右手手法

角块向前时只需要做两遍右手逆公式即可。

下面再介绍一种公式的推导方法：镜像公式，如左手公式(L' U' L U)和右手公式(R U R' U')就互为镜像公式，其推理方法如下，小伙伴们，思考一下这是为什么吧！

❶ L、R 相互交换（U 和 D、F 和 B 保持不变）。
❷ 顺逆时针互换。

> 逆公式答案:(U R' B2 L D2 F2 L2 D2 B2 L' B2 F L' R F2 D2 R2 F D' B')

作 业

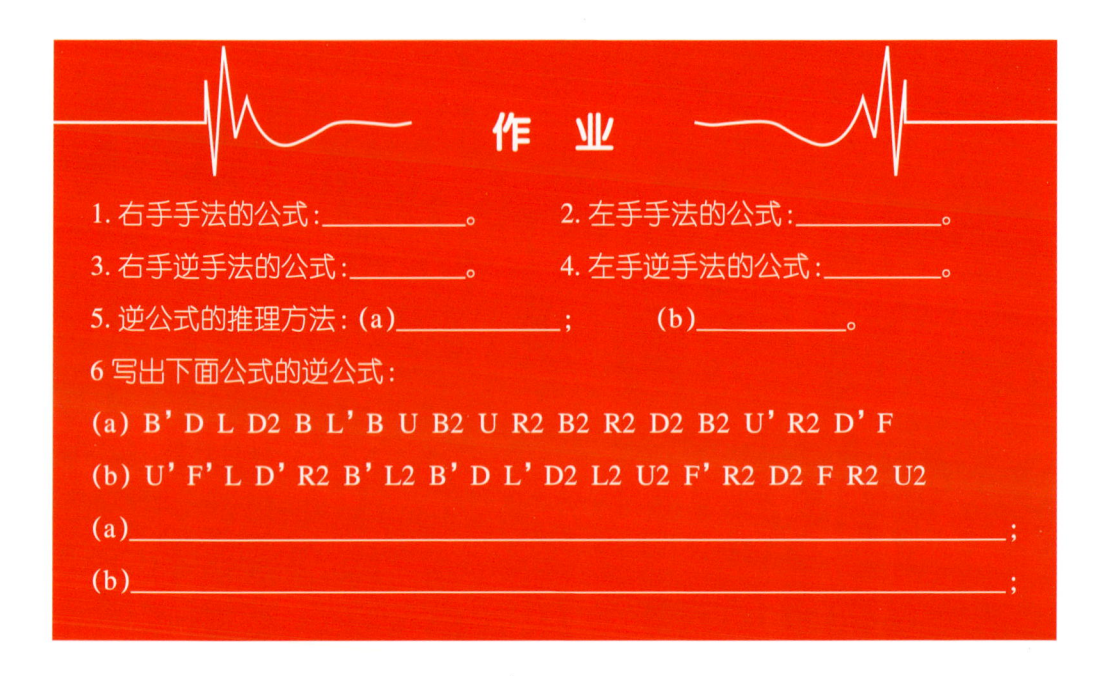

1. 右手手法的公式：_____。　2. 左手手法的公式：_____。
3. 右手逆手法的公式：_____。　4. 左手逆手法的公式：_____。
5. 逆公式的推理方法：(a)_____；(b)_____。
6 写出下面公式的逆公式：
(a) B'D L D2 B L' B U B2 U R2 B2 R2 D2 B2 U' R2 D' F
(b) U' F' L D' R2 B' L2 B' D L' D2 L2 U2 F' R2 D2 F R2 U2
(a)_____；
(b)_____；

第四节　提速小技巧

思考环节

聪明的小伙伴，你还发现有哪些可以提高速度的地方吗？

本节再介绍几个提速的小技巧，以此来完善我们的初级复原系统，使伙伴们最终可以进入复原 30 秒的行列。

一、拼第一层角块

我们继续回忆就会发现，在第一层拼角块时，白色角块向上需要做 3 次右手手法才可以将它转到位，现在我们可以这样处理：

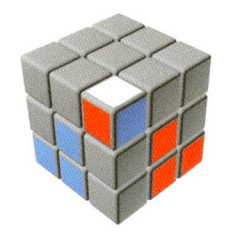

原来：(RUR'U') 3   现在：

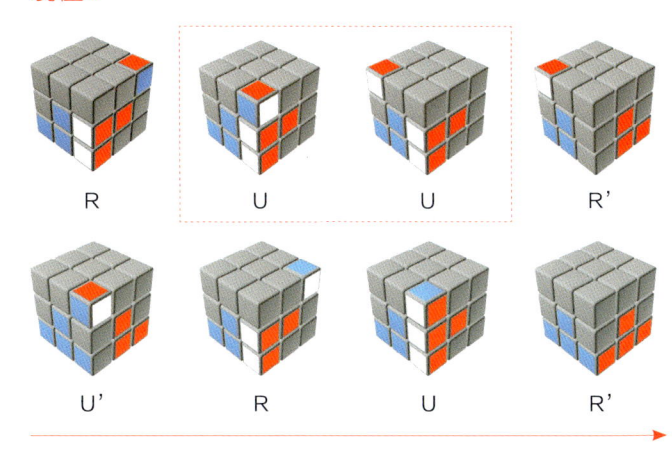

R   U   U   R'

U'   R   U   R'

这条公式只不过是在第一个 U 的时候再多转一个 U。技巧虽小，但比之前减少了 3 步。

二、拼顶面十字

还有顶面十字这一步，之前的处理方法是：F (RUR'U') F'。如果遇到最差的点的情况，就需要做三遍，也是比较麻烦的。

"三点半"的情况只需要将第一步前面一层顺时针旋转，变为前两层逆时针，然后执行右手手法，前两层逆时针旋转即可。

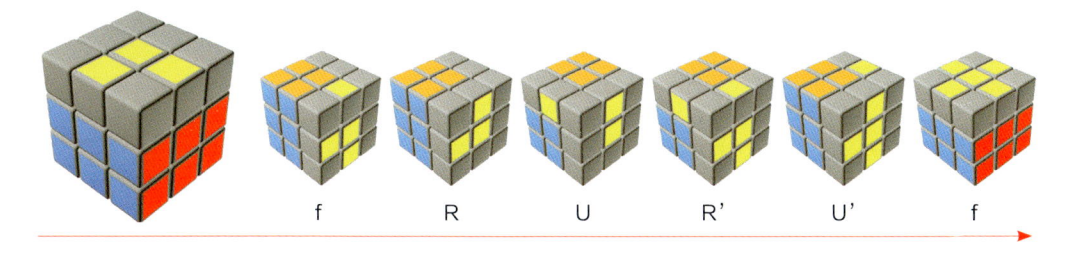

f   R   U   R'   U'   f

大家可以自己试验一下，怎么样，是不是一步到位呢？这感觉实在是酸爽！
掌握了这个小技巧以后，我们的"点"十字情况就变得简单多了：

F (RUR'U') F' + f (RUR'U') f'

所以顶面十字这一步，无论遇到什么情况，都可以很快处理出来。

好了，到目前为止，我们的三阶魔方初级玩法的所有技巧都已经介绍完了，大家都掌握了一套可以进30秒，甚至极限进20秒的初级方法。但并不是获得了这个正确的"内功心法"就可以达到这样的速度，还需要正确、大量的训练，所以不能偷懒，加油呀！

作业

1. 练熟本节秘授的提速小技巧。
2. 从今天开始，每天复原魔方至少20次。

第五节 没有失误就是最快速度，观察快才是拼魔方的王道

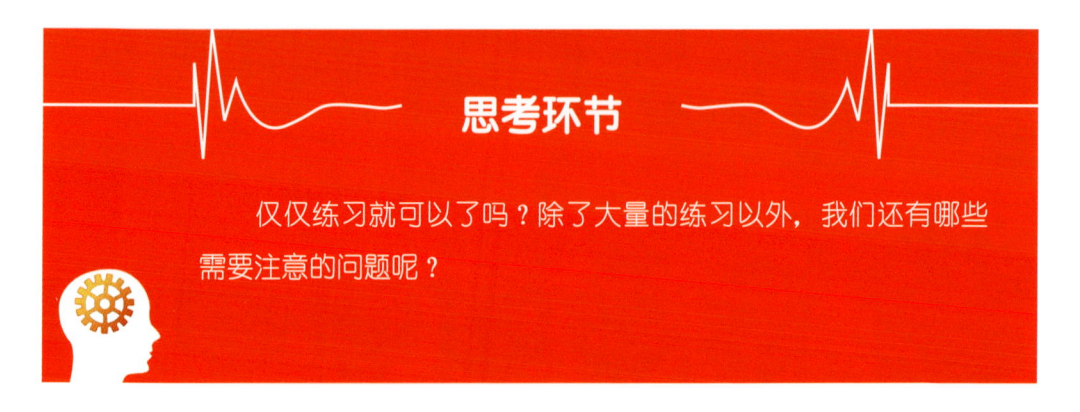

思考环节

仅仅练习就可以了吗？除了大量的练习以外，我们还有哪些需要注意的问题呢？

到目前为止，我们已经掌握了一套可以在30秒以内复原魔方的初级方法。不知道大家学到这里会有什么样的体会呢？到目前为止，我们只学习了一条高级公式，其他全部是由基础知识衍变过来的，所以说基础才是最重要的。而且越往后学，越会发现一个奇怪的现象：不同的人明明用的方法都一样，练习时间和次数也一样，

为什么最后复原的时间相差那么多呢？答案是：

能力＝天赋 × 时间

天赋其实是指一个人的悟性好坏、他对于别人的经验分享是否可以虚心接受，以及知与行之间的距离，这些条件缺一不可。我们常说，真正的好老师是即便花钱也找不到的，是可遇而不可求的。真正的好老师会让你节约大量的时间成本，而不是金钱所能衡量的。接下来的这些经验分享将直接影响到你魔方"天赋"的高低，所以要注意听了！

我们可以把复原魔方的过程录下来，通过回放就会发现，有些原因会严重影响复原时间。

一、拼错

导致"拼错"的原因完全在于你的精神不集中或者练习次数太少，某些情况处理得还不是很好。魔方是非常考验执行能力的，因为只要你转错一步，之前所有的努力都有可能功亏一篑。但是第一个原因其实很好解决，只要踏踏实实练习就可以避免了。有一个成语"欲速则不达"，说的正是这个道理。在练习魔方的道路上没有捷径，只有踏踏实实地静下心来练习才能到达光辉的顶点。

二、发呆时间过长

所谓"发呆时间"是指你在复原魔方的过程中，没有转动魔方而到处观察的时间。你会发现对于一个初学者而言，绝大部分的时间都是在"发呆"中度过的，"发呆时间"甚至可以占据总复原时间的 2/3。比如，我们的复原时间是 2 分钟，如果刨去 2/3 的"发呆时间"，就可以进 1 分钟了。是不是很可怕？

而导致产生"发呆时间"的主要原因有以下三个。

1. 对于魔方复原的每一步功能不清楚

让我们来做一个测试：

提问：现在右侧的魔方应该操作哪一步了呢？

回答：顶层角块位置，也就是我们的顺三角换这一步。

如果没能马上说出答案，那就是还不够熟练，请小伙伴多加练习！

2. 对于魔方复原时每一步需要的块的种类不熟练

提问：魔方进行到右侧这一步时，应该找什么样的块呢？

回答：无黄棱块。因为我们已经完成了第一层的复原工作，下面需要继续复原第二层，而第二层的第一步是找无黄棱块。如果没能马上说出答案，请继续练习吧！

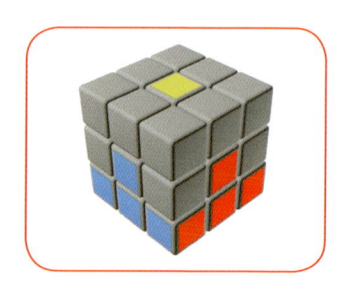

3. 手眼脑三者配合不到位，不能做到预判和提前观察

通过观察可以发现，高手往往在复原过程中很少有停顿，是他们反应极快吗？其实并不是，他们只不过是掌握了魔方的观察方法，做到了手、眼、脑协作，即手转动的时候眼睛找下一个目标块，眼睛找到块以后大脑快速分析出应该操作的方法，手再进行操作。手、眼、脑三者同时运转，才能配合得天衣无缝。

这一点是魔方最难练习的地方，其实想魔方转得很快并不难，只要勤加练习就可以了，但如果你仅仅是转得很快，没有预判，没有手、眼、脑协作，那么"发呆时间"依然会占据你大部分的复原时间。这就是为什么很多朋友"刻苦"练习魔方，但是最后往往有个瓶颈很难突破的真正原因。

其实解决方法也比较简单，那就是慢拧。慢拧并不仅仅是要你故意放慢速度，而是在放慢速度的同时增加观察意识。放慢速度其实是给我们的观察赢得了时间。我们一定要在慢拧时去找下一个目标块，如果没找到，就再慢一些；如果找到了，那么就可以提高手速。我们慢拧的目标只有一个，那就是中间不要停下来。真正掌握了这种练习方式就会发现，其实"慢拧"甚至会比"快拧"还要快呢！

作 业

1. 看图写出下面应该执行哪一步操作了？
2. 练习慢拧魔方。
3. 把初级方法练习到 40 秒以内复原。

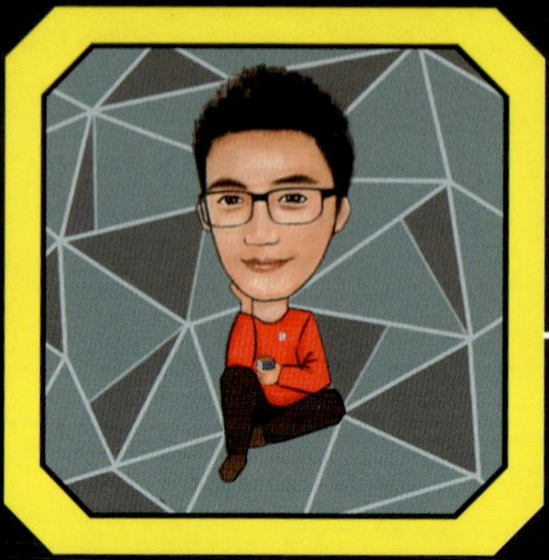

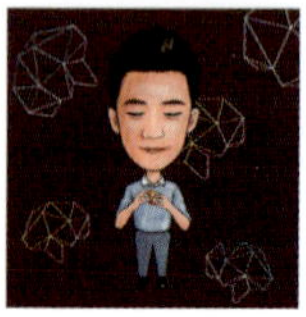
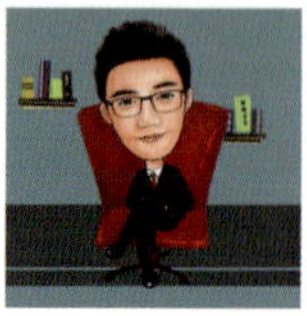
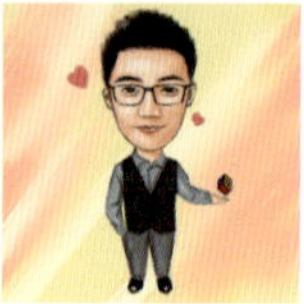
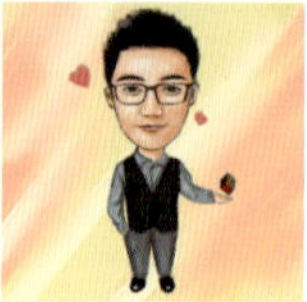
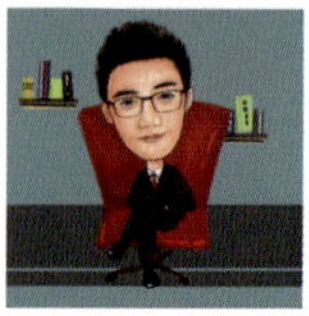
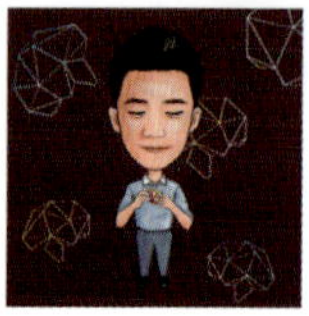

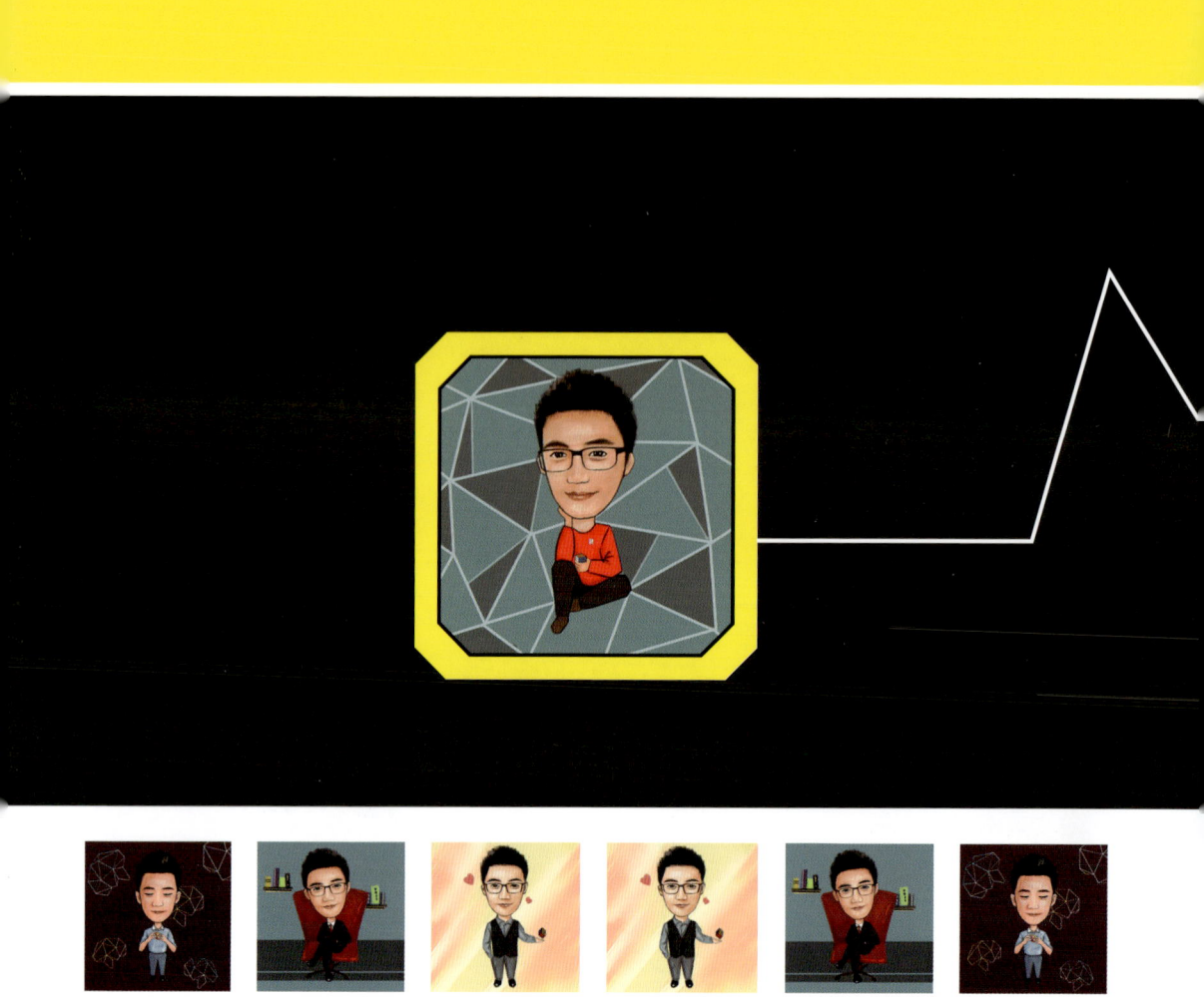

第三部分
二阶魔方解法

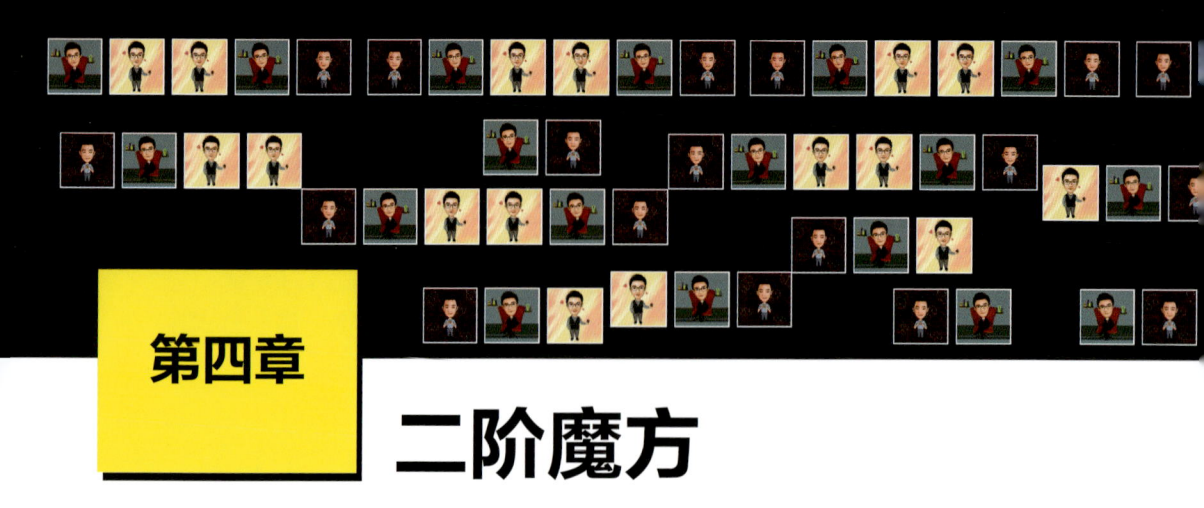

第四章

二阶魔方

第一节　拨开二阶魔方的种种谜团

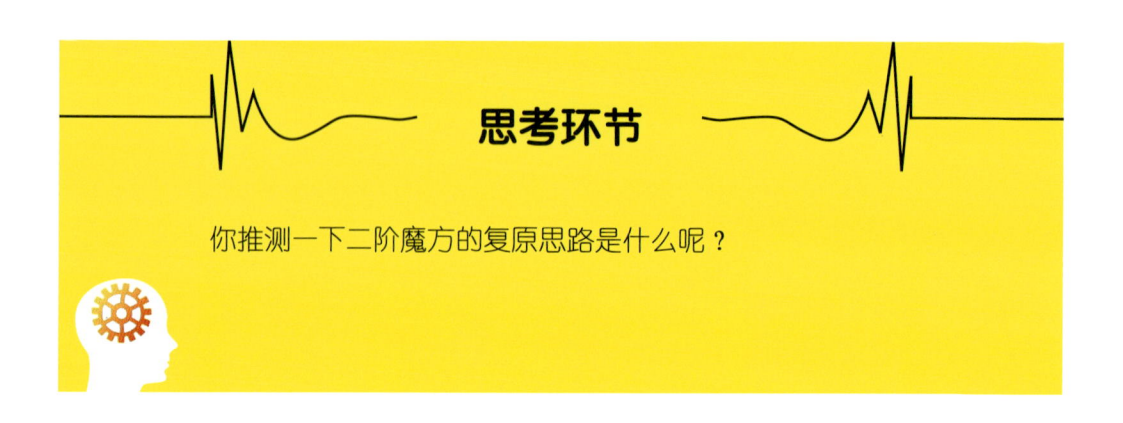

思考环节

你推测一下二阶魔方的复原思路是什么呢？

下面就来学习二阶魔方的复原方法。其实在没有学习二阶魔方之前，大多数人都对二阶魔方有一些误解。

误解一：很简单

因为二阶魔方只有八块，而且每块很大，看起来比三阶魔方简单很多，认为二阶魔方可以轻松复原（我曾经就是这样的人）。但是二阶魔方上手以后你就会发现，如果没有一定的复原思路和基础，二阶魔方是很难复原的。别看二阶魔方块不多，但也有 3,674,160 种可能性，几乎不可能"碰巧"复原。

🔍 误解二：比三阶魔方还难

通常这种误解是由有一些魔方基础的朋友产生的，主要原因是二阶魔方及其他偶数阶魔方没有中心块，没办法确定各个平面的颜色，所以无从下手。而且通常二阶魔方的结构会比三阶魔方复杂很多（因为偶数阶魔方的特殊定位方法）。现在市场上比较好用的二阶魔方采用的都是三阶魔方结构，只不过是把三阶的棱块隐藏起来。有兴趣的朋友可以拆开来看一下，但是拆卸二阶魔方和其他偶数阶魔方有风险，后果自负哦。

其实二阶魔方的难度要远小于三阶，但是大于金字塔魔方。正规阶的魔方都有这样一个特点，就是高阶魔方的解法包含低阶魔方的解法，比如你会了三阶魔方，其实就已经具备了复原二阶魔方的能力；会了四阶魔方，就可以复原二阶魔方；四阶及四阶以上魔方的难度从理论上讲是一样的。

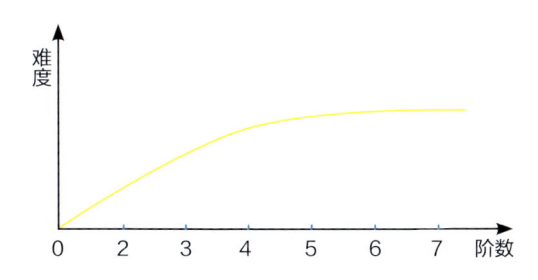

所以我们的教程利用两种方法讲解二阶魔方的复原思路：

❶ 有三阶基础的二阶魔方解法。

❷ 无三阶基础的二阶魔方解法。

大家可以根据自己的情况有选择性地学习。我的建议是大家都学习一下，这样可以灵活处理。

第二节　有三阶基础的二阶魔方复原方法

思考环节

二阶魔方和三阶魔方的区别在哪里？

在上一节中我们提到过：三阶魔方的复原方法已经包含了二阶魔方的复原方法，所以从理论上讲这一节的教程可以到此结束了😊。但其实我们这一节的意义在于教会大家如何用现有方法解决一个新的但是结构类似的魔方。在正式讲解之前呢，还是老样子，先给大家一个提示，大家可以先自行思考一下：首先拿一个三阶魔方和一个二阶魔方进行类比，观察一下它们的区别：二阶魔方相较于三阶魔方没有中心块和棱块，只有8个角块，所以我们能不能理解为只需要做三阶魔方有关角块的步骤就可以了呢？

好，提示到这里，大家可以开始二阶魔方的尝试了。值得一提的是，虽然三阶魔方有很多种复原方法，但是都可以嵌套到二阶魔方上，大家加油！

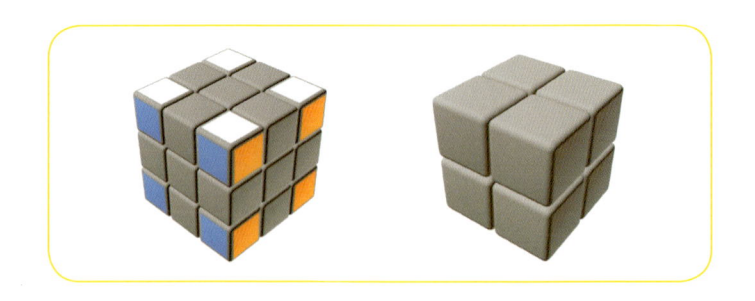

看到这里，有些朋友可能已经成功复原了二阶魔方。不管用了多长时间，10分钟还是10个小时，我们都能体会到魔方的另外一种魅力：独立复原一种新的魔方。

这种感觉可能比第一次看教程复原三阶魔方更有成就感。当然也恭喜你，对于魔方的理解又增进了一大步！魔方世界无尽的宝藏正在等待着你的挖掘！

当然没有成功复原的朋友也要放平心态，没有拼出来并不意味着你比别人差，只能说明咱们的思维方式跟二阶魔方的解法有一些偏差，下面就由孙老师带着大家来拨乱反正一下。其实像二阶魔方，还有其他三阶魔方的变形，大家之所以拼不出来，原因在于对三阶魔方的解法还不够熟练，比如进行一个简单测试。

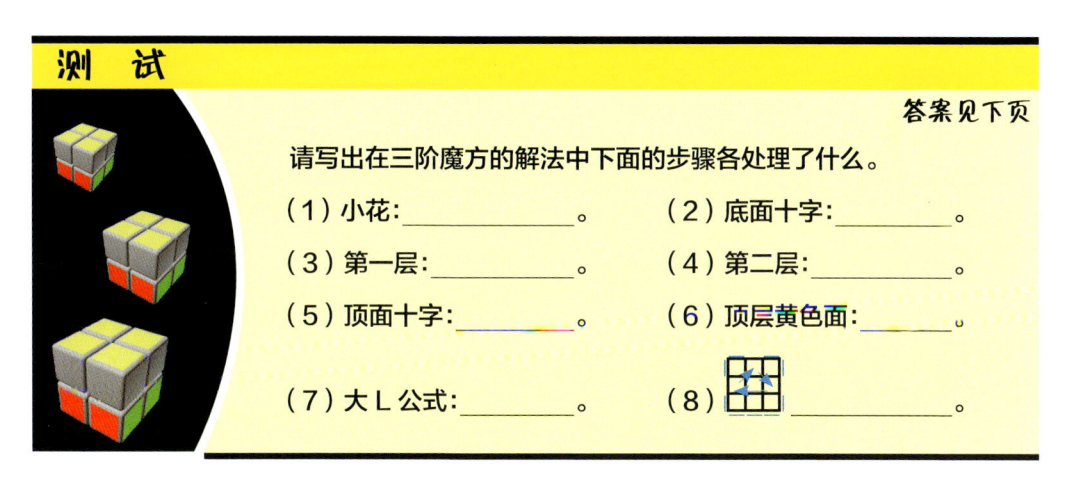

测试

答案见下页

请写出在三阶魔方的解法中下面的步骤各处理了什么。

（1）小花：_____。　（2）底面十字：_____。

（3）第一层：_____。　（4）第二层：_____。

（5）顶面十字：_____。　（6）顶层黄色面：_____。

（7）大L公式：_____。　（8）[图]：_____。

怎么样？你的答案都正确吗？即使我们学会了复原三阶魔方，完成上面的问题是不是依然有些难度？其实只要充分理解三阶魔方复原的原理，找到答案并不难，所以这说明了什么问题呢？基础知识永远是最重要的。

思考环节

欲复原二阶魔方应该怎么做呢？二阶魔方的解法包含在上面哪些步骤里面呢？

通过上面的观察可知，二阶魔方就是三阶魔方的角块，所以是不是只执行与三阶角块有关的步骤就可以了呢？有关三阶角块的步骤有哪些？

❶ 第一层：白色角块。

❷ 黄色面拼好：顶面角块方向。

❸ 大 L 公式：顶面角块位置。

没错，这就是复原二阶魔方的三个步骤。若采用不同的解法，上述操作略有不同，大家可以自行调整。但是推荐大家都来学习一下孙老师的三阶初级复原方法，因为其他的方法虽然也可以复原二阶魔方，但是很难"嫁接"到其他异形魔方上。

测试答案

答案：

（1）白色棱块方向。　　　　（2）白色棱块位置。

（3）白色角块的方向和位置。　（4）无黄棱块的方向和位置。

（5）顶层棱块方向。　　　　（6）顶层角块方向。

（7）顶层角块位置。　　　　（8）顶层棱块位置。

🔍 一、第一层白色角块

对于这一步操作，大家可能会有一个疑问：二阶魔方没有中心块，那怎么确定二阶魔方每个面的颜色呢？答案是只要随便找一块白色角块，把它当成已经复原了，就可以推出其他各个平面的颜色，如右图中的白红蓝角块，假设它已经拼好，则下面是白色面，顶面是黄色面；前面是蓝色面，背面是绿色面；左边是橙色面，右边是红色面。

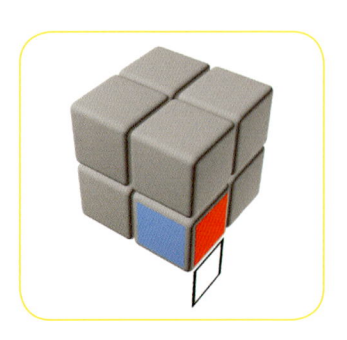

之后就可以按照三阶魔方的第一层：找白角、定位、方向、做手法的步骤复原了，如下图 ❶ 的右上角角块，只需要做一个右手手法就可以把它拼到位。其他的情况如 ❷ ～ ❻ 所示。

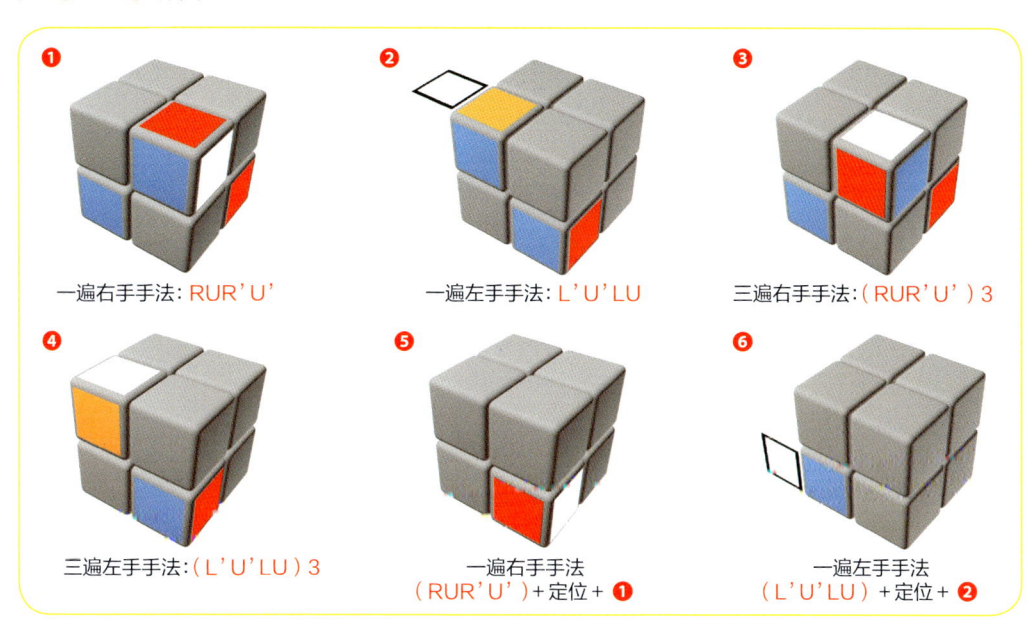

❶ 一遍右手手法：RUR'U'

❷ 一遍左手手法：L'U'LU

❸ 三遍右手手法：(RUR'U')3

❹ 三遍左手手法：(L'U'LU)3

❺ 一遍右手手法（RUR'U'）+定位+ ❶

❻ 一遍左手手法（L'U'LU）+定位+ ❷

二、第二层角块方向

这一步骤类比三阶魔方顶层角块方向那一步，处理方法是：把黄色面放到底层，角块颜色不对的放在右手下面的位置，❶ 如果黄色向右，那么做两遍右手手法（R U R' U'）2；❷ 如果黄色向前，那么做两遍右手逆手法（U R U' R'）2，注意手法一定要做全。一个角块方向放对以后，顶层不动，转底层 ❸，把另外一个需要换方向的角块放到右手下面的位置，继续上面的操作，直到所有角块方向复原完毕。

三、第二层角块位置

二阶顶面角块位置只有两种情况:

① 对角换　　② 邻角换

但是处理方法都是用我们的大 L 公式。

摆法:针对第一种情况,只需要将黄色面向自己;针对第二种情况,在黄色面向自己的同时还要把颜色一样的放在右边,再做我们的大 L 公式:

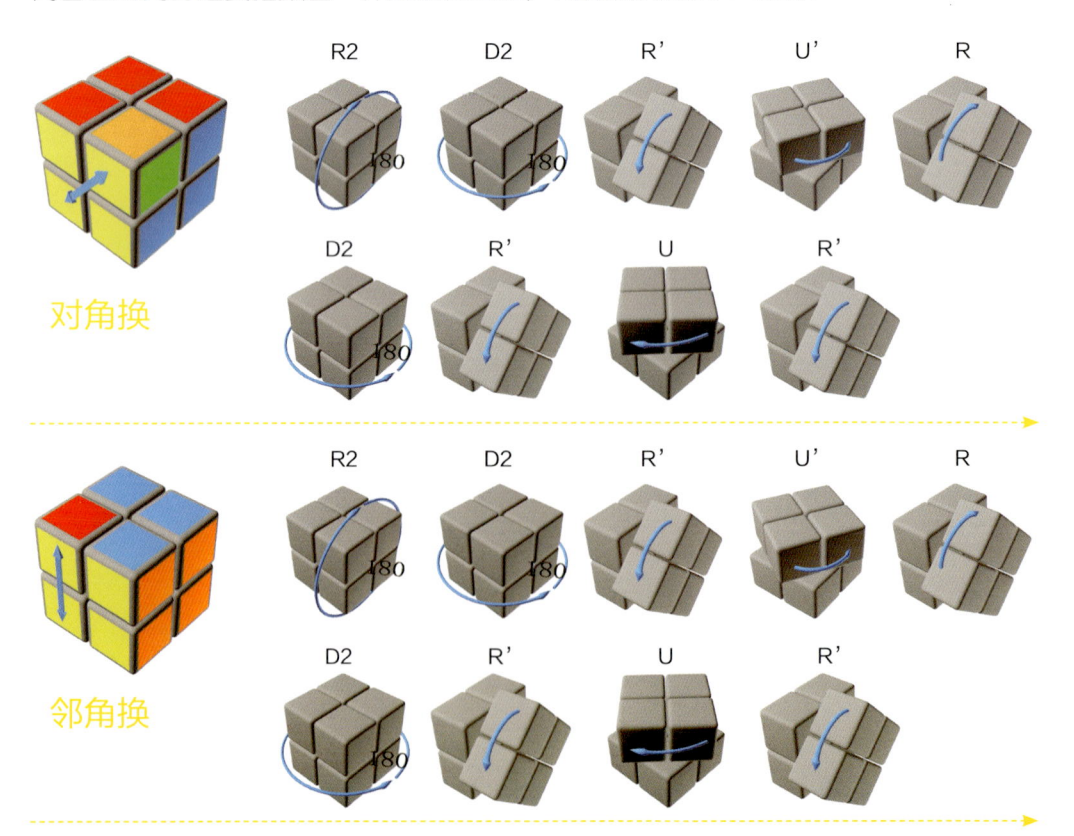

对角换

R2　D2　R'　U'　R

D2　R'　U　R'

邻角换

R2　D2　R'　U'　R

D2　R'　U　R'

如果之前是第一种情况,那么现在二阶魔方就变成了第二种情况;如果之前是第二种情况,那么二阶魔方就顺利复原了!怎么样,是不是没有用到任何新的内容?超轻松对不对?

作 业

1. 请写出在三阶魔方中下面的步骤处理了什么。

   小花:_____。　　　　　底面十字:_____。

   第一层:_____。　　　　第二层:_____。

   顶面十字:_____。　　　顶层黄色面:_____。

   大L公式:_____。

2. 看图判断一下二阶魔方中各个平面的颜色。

   (1) 前面_____色。　　　(2) 后面_____色。

   (3) 左面_____色。　　　(4) 右面_____色。

   (5) 上面_____色。　　　(6) 下面_____色。

3. 请写出下面二阶魔方所需要的公式:

第三节　无三阶基础的二阶魔方复原方法

大家可能会有这样的问题：既然二阶魔方比三阶魔方简单，那么能不能先学习二阶魔方呢？答案是可以的，但是，偶数阶魔方没有中心块，无形中提高了复原难度，所以我们不建议先学习二阶魔方。下面给没有三阶魔方基础的小伙伴介绍一种二阶魔方的复原方法，对于用三阶魔方方法拼二阶魔方的朋友，也可以作为参考。

一、复原第一面

这一步的目标是在底层拼出一个白色面，要求是白色面拼好，但是不要求白色面的每个侧面颜色都一致。这一步其实会遇到如下两个问题。

1. 如何把白色角块拼下去

在如下图所示的三种情况下，只要依次做 1 遍、3 遍、5 遍（R U R' U'）即可。

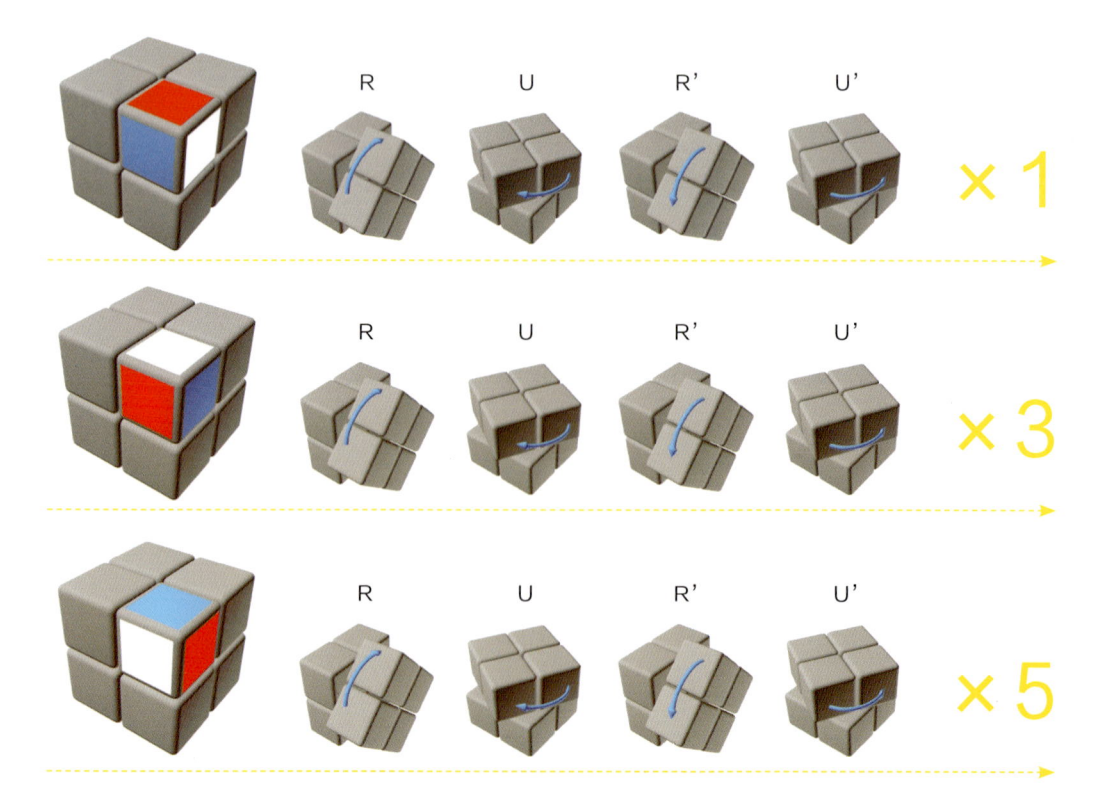

2. 如何变换下面的角块颜色

在如下图所示的两种情况下，只需要分别做 2 遍、4 遍（R U R' U'）即可。

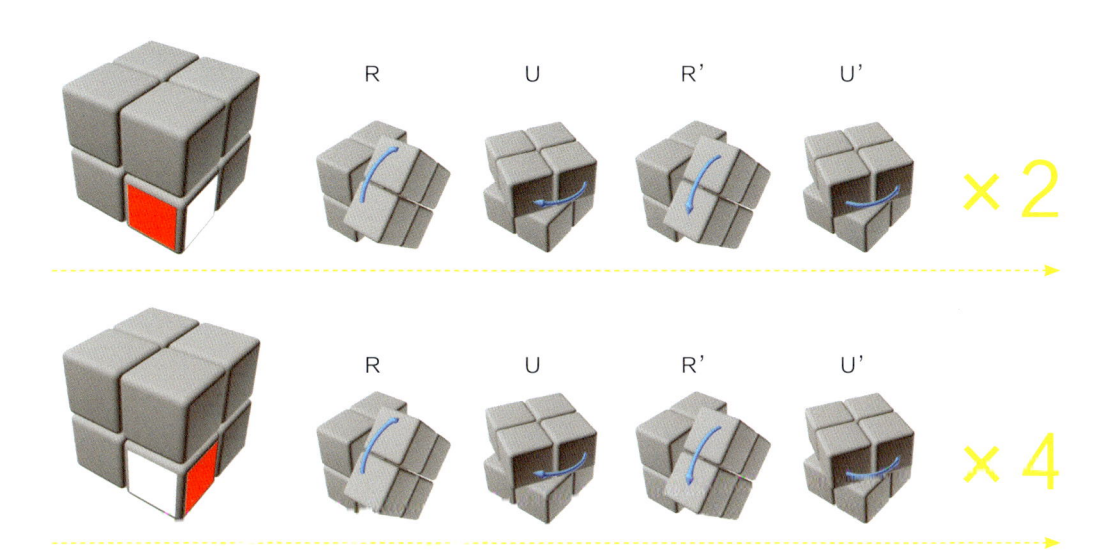

综上所述，只需要一直做（R U R' U'）就可以拼好二阶第一面了。其实二阶魔方在不考虑侧面颜色时是很容易复原的，所以我的建议是大家先自己尝试一下复原操作，遇到实在拼不出的情况后再应用我们的万能公式（R U R' U'）。

二、复原第一层

这一步的目标就是复原白色的一层，即在白色面复原的同时，白色面周围的每一面颜色也相同（如右图）。拼完第一面以后，除了运气好已经位置正确以外，还会有如下两种情况，但是这两种情况的处理方法都是一样的：只需要将白色面朝向自己，如果是第二种情况，还需要将角块颜色一样的放在右边，做我们的大 L 公式。

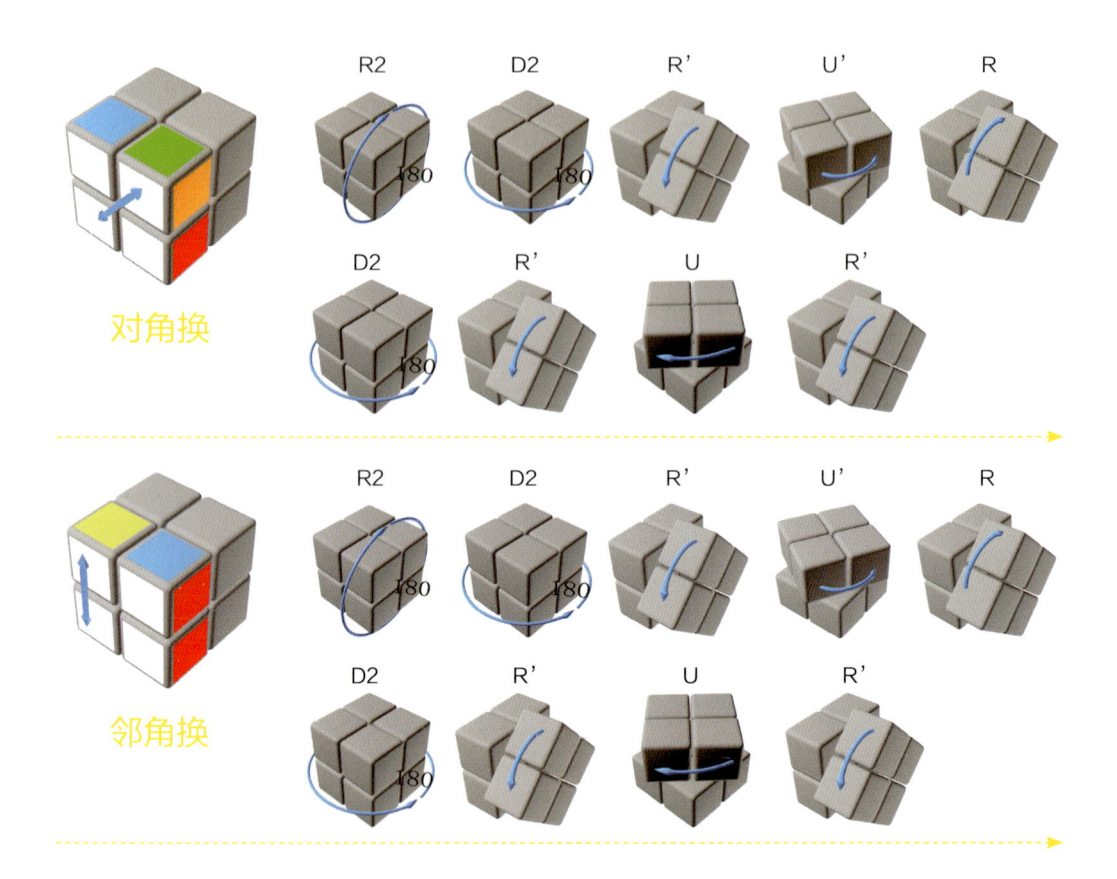

	R2	D2	R'	U'	R
对角换					
	D2	R'	U	R'	

	R2	D2	R'	U'	R
邻角换					
	D2	R'	U	R'	

执行完之后就会发现，第一种情况会变成第二种情况，第二种情况将直接复原第一层。

三、调整第二层角块方向

如下图所示，我们的目标就是将黄色面复原，操作步骤如下。

❶ 先将黄色面放到地下室，把一个方向不对的角块放到右下角的位置。做两遍右手手法时，手法一定要做全。做完后观察角块方向是否正确，如果方向不正确，则再做两遍，这一步只做两遍或者四遍。

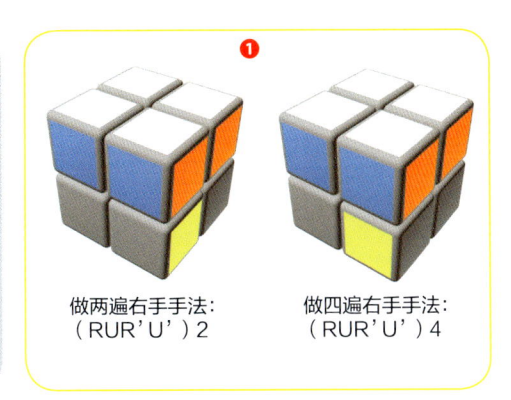

做两遍右手手法：(RUR'U')2

做四遍右手手法：(RUR'U')4

❷ 如果方向正确，则左手不动，转底层，把另外一个方向不对的角块放到这个位置。重复这两步直到所有的角块方向都正确。

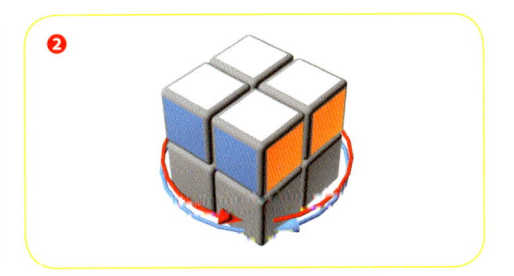

四、复原第二层角块位置

　　找到第二层角块位置后，即可完全复原二阶魔方。这一步和第二步第一层角块位置的操作方法完全一样，用我们的大 L 公式即可，只不过这次需要把黄色面朝向自己，这里不再赘述。一个二阶魔方就成功复原了，怎么样，是不是很简单呢？

第四节　二阶魔方碎碎念

　　本章我们分别用两种方式学习复原二阶魔方，但是万遍不离其宗，都是三阶魔方的嵌套或者变形。其实二阶魔方没有棱块限制，所以拼第一层的方法十分灵活，大家不用局限于三阶魔方的方法，可以完全依靠理解复原第一面，之后再用大 L 公式调整，或者直接拼好第一层！其实这就是二阶魔方复原的高级方法，在这本书中不再多做介绍，有兴趣的朋友可以参考孙老师的第二本魔方秘笈。

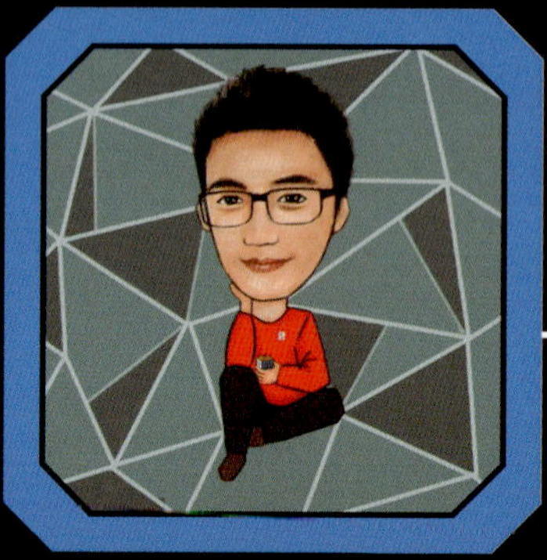

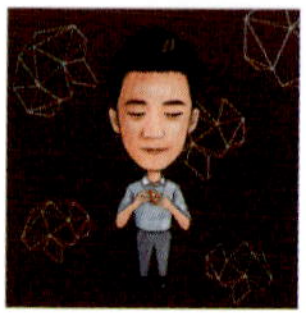
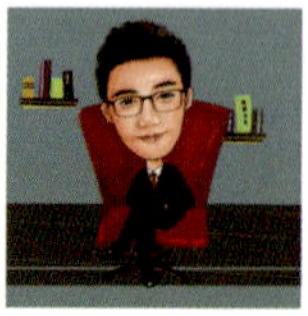
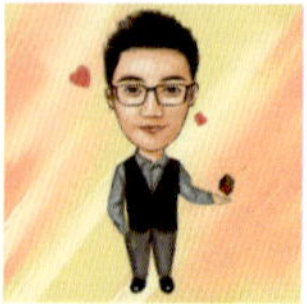
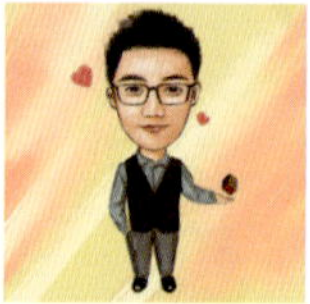
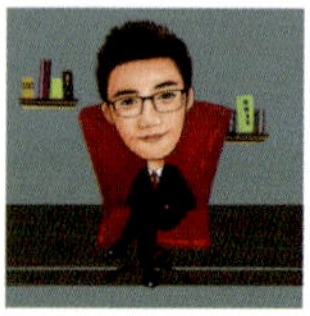
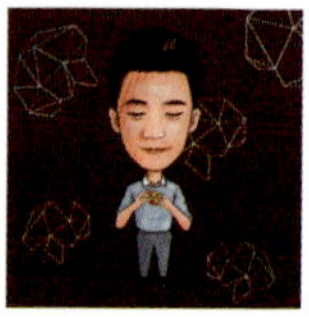

第四部分

高阶魔方解法

第五章

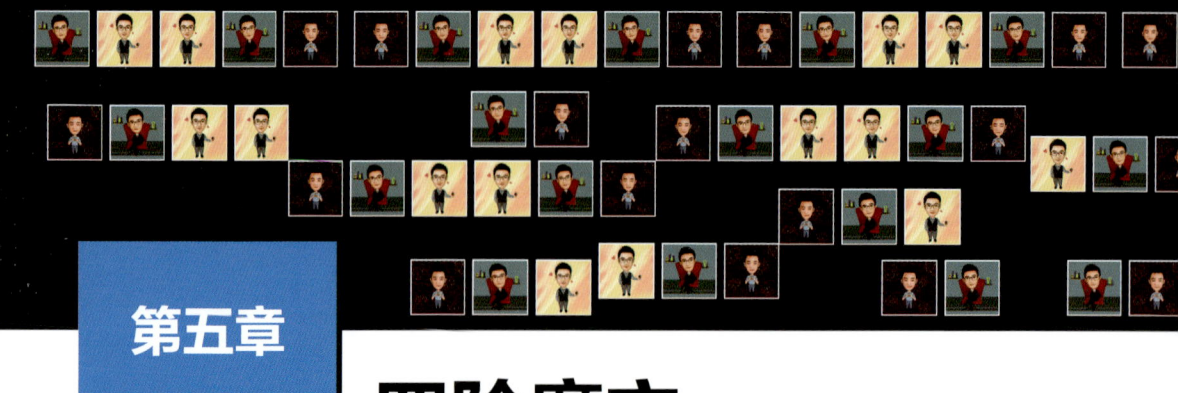

四阶魔方

第一节　高阶魔方复原方法概述

思考环节

你认为高阶魔方的复原思路是什么呢？

　　四阶魔方和四阶以上的魔方统称为高阶魔方。截至2016年8月份，市面上可以买到的最高阶魔方是13阶。

　　但是我们来思考一个问题，无论是二阶魔方、三阶魔方还是三阶魔方结构的异形魔方，它们的解法都是自下而上

魔方工厂淘宝店：shymofang.taobao.com

一层一层复原。四阶魔方还好，但是 7 阶乃至 13 阶魔方，这个工程量可想而知。所以你有没有什么好的办法呢？

其实高阶魔方的复原都有一个统一的方法：降阶法，也就是说把所有高阶魔方降到三阶的样子再进行三阶复原。

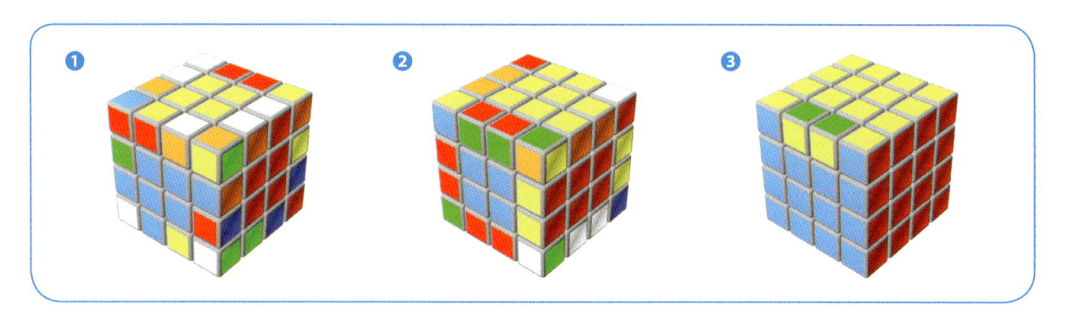

大家通过上图可以发现，四阶魔方所有中心块拼到了一起，相同颜色的棱块也都拼到了一起，这个魔方就完成了降阶的工作，剩下的只需要用三阶的方法复原就可以了。

第二节　四阶魔方复原方法

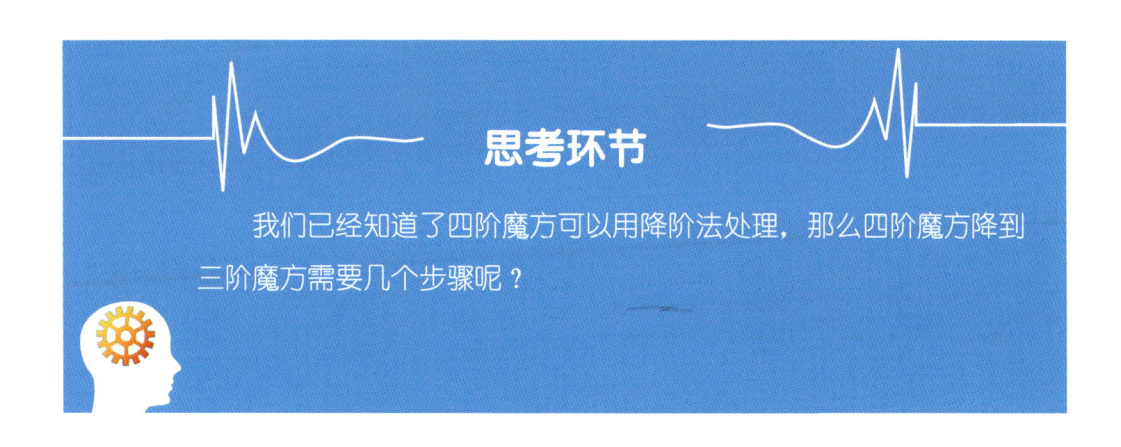

思考环节

我们已经知道了四阶魔方可以用降阶法处理，那么四阶魔方降到三阶魔方需要几个步骤呢？

根据上一节的分析，我们得到了一种高阶魔方复原的通式通法，下面就以四阶魔方为例进行降阶法的讲解。四阶魔方的复原分为下面几个步骤。

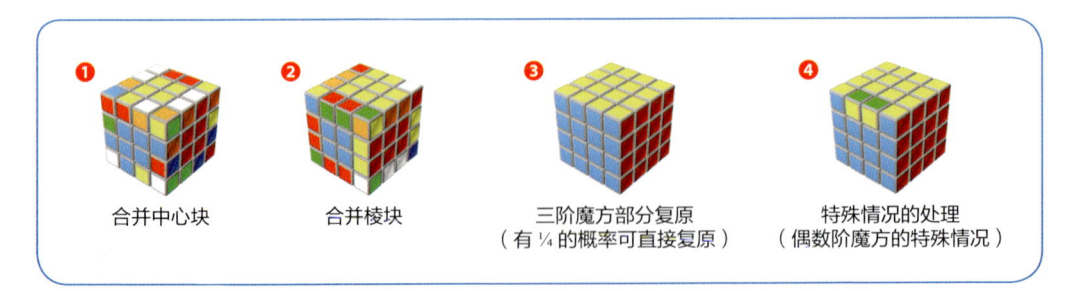

❶	❷	❸	❹
合并中心块	合并棱块	三阶魔方部分复原（有 ¼ 的概率可直接复原）	特殊情况的处理（偶数阶魔方的特殊情况）

四阶的公式表达法和三阶相同，只是多了一个 w 和 M。有 w 的公式表示同时转两层，有 M 的公式表示只转中间层，比如：

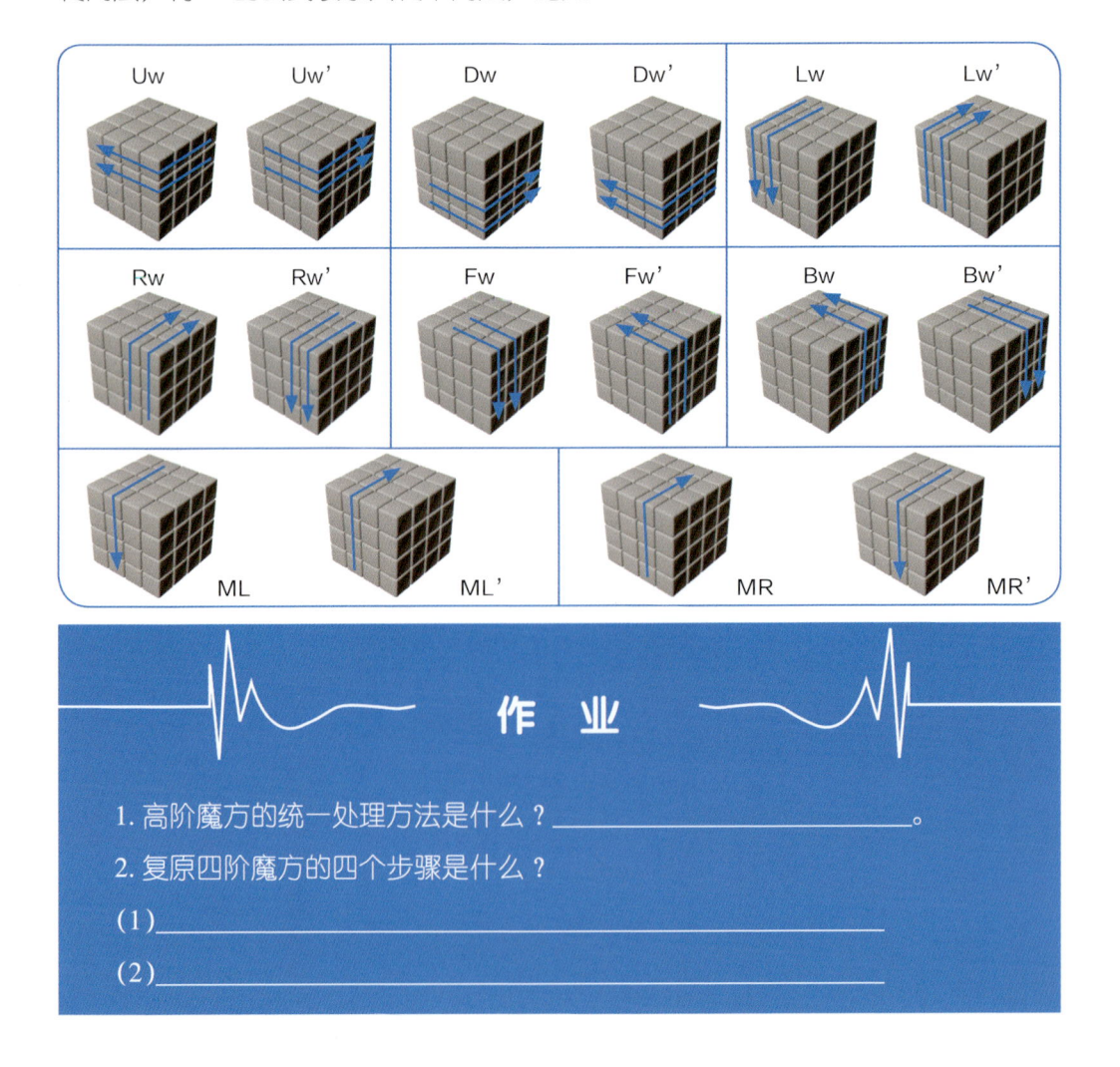

Uw	Uw'	Dw	Dw'	Lw	Lw'
Rw	Rw'	Fw	Fw'	Bw	Bw'
ML	ML'			MR	MR'

作　业

1. 高阶魔方的统一处理方法是什么？_____。
2. 复原四阶魔方的四个步骤是什么？
   (1)_____
   (2)_____

(3)_____

(4)_____

3. 请写出下面转动的公式表达法。

_____   _____   _____   _____

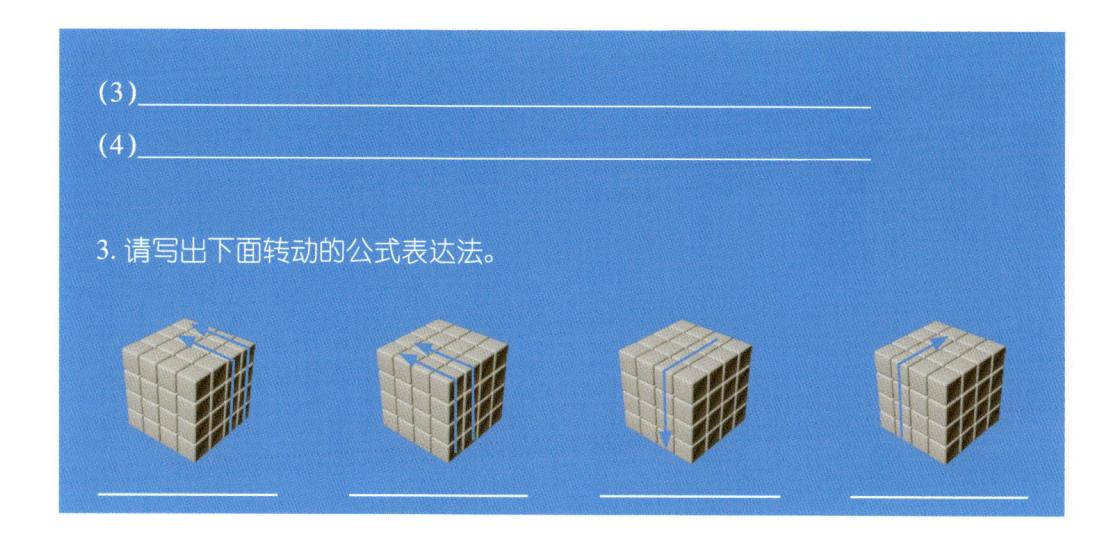

第三节　合并中心块

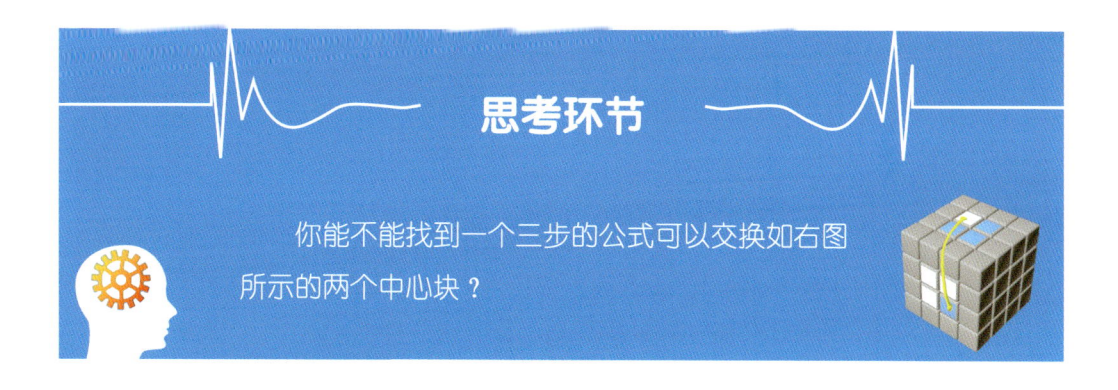

思考环节

你能不能找到一个三步的公式可以交换如右图所示的两个中心块？

四阶魔方的第一步就是合并中心块，总共有 6 个面，所以需要依次合并每个面的中心。

一、第一个面的中心

第一个面的中心可以选择一个比较容易拼的颜色。"容易拼"是指同一种颜色聚集得比较近，比较容易处理。第一个中心可以完全靠理解来拼，简单的思路就是凑成两个 1×2，再把它们组合到一起。

打个比方

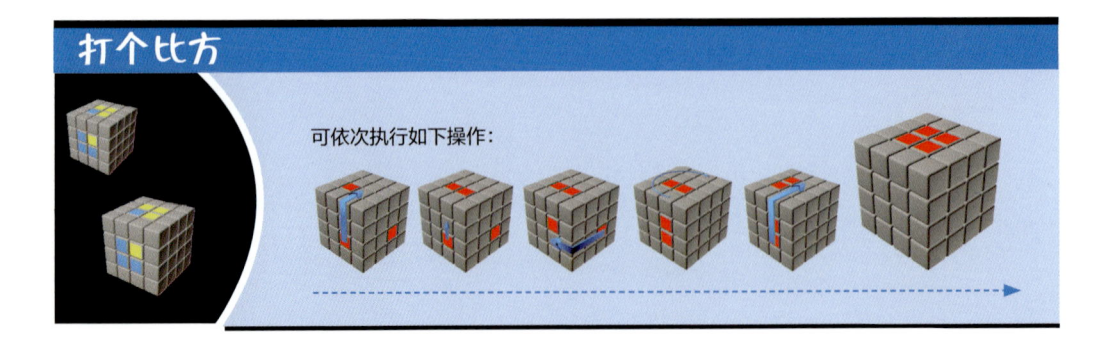

可依次执行如下操作：

二、第二个面的中心

第二个平面，我们选择第一个平面的相对面来拼。大家还记得魔方配色的对应关系吗？颜色最浅的相对：白对黄；暖色相对：红对橙；冷色相对：蓝对绿，所以第二个平面的中心一定要选择和第一个面相对的面来拼，原因是：我们已经拼好了一个面的中心，再拼对面，只需要在对面相邻的四个面找就可以了，不会出现需要的颜色在对面的情况，当然一些世界冠军会比较随意，但是现在最流行的四阶高级拼法：YAU，也是一开始就拼好两个对面。

那么问题来了，能否在不破坏第一个平面的前提下拼好第二个面呢？答案是：不可能。

其实这个问题就是在拼魔方时反反复复困扰我们的问题，我们有了三阶的经验就会发现，不破坏是不可能的，但是破坏以后再复原就可以了！

拼第二个平面的时候可能会有一些难度，需要用到我们上面思考题的方法，但是万变不离其宗，也是采用"先凑成两个1×2，再把它们组合到一起"的思路，如下所示。

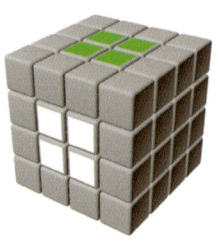

Rw   U   Rw'

没错！就是这么简单，跟右手手法的前三步相同，只不过 R 变成 Rw，要转动两层。第一步 Rw 的作用是要拼成一个 1×2，U 是为了把 1×2 竖过来，好让 Rw' 可以组合到一起。利用这个手法就可以复原四阶魔方的所有中心块了！

我们再来细致地研究一下这个手法：它交换的是上平面左上中心块和前平面右下中心块。"左上右下"这两个位置大家一定要记清楚。

三、第三个面的中心

第三个面的中心可以随意找一个容易拼的面进行。第三个面可以直接用我们的手法，或者可以靠理解直接拼出来，也会出现需要的颜色在对面的情况。比如，我想把顶面的一个颜色拼到底面上。其实还是用上面的手法，只不过 Rw 变成了 Rw2：先把需要交换的中心块放到顶面左上角的位置和底面右下角的位置，Rw2 使它们形成一条 1×2，U 转到右侧，再转 Rw'2 归位即可。

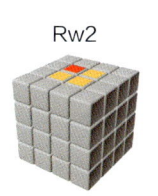

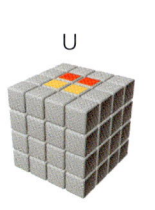

四、第四个面的中心

执行到这一步，也就是第四个面的中心时就要注意了，因为四阶魔方没有固定的中心块，所以需要把顺序拼对，否则到后面时很容易出现问题。大家可以对比我们的三阶魔方中心块的顺序来拼，或者直接记下来：白为底时，红色的左边是蓝色。再加上各个对面颜色，就可以确认一个四阶魔方的中心块顺序了。

除了第四个面的颜色要注意外，顺序也要格外注意。一般情况下，还是建议选择一个和拼好的三个平面同时相连的平面，从而避免出现最后两个面是相对的情况。

五、最后两个面的中心

此步骤利用公式（Rw U Rw'）直接操作即可。

六、举一反三

通过上面的学习，大家应该已经可以利用一个简单的手法复原四阶魔方的 6 个中心了。虽然麻烦，但是很有效。在熟练以后，我们就要思考一下怎样才能拼得更快、更好，显然只用一个手法，里面是有很多废步的。比如下面这个例子，大家应该经常见到。

❶ 现在要把上平面的蓝色（1×2）换到前平面来。首先左上是蓝色，右下是黄色，可以直接做手法：Rw U Rw'。

❷ 这样操作以后换下来了一个蓝色块，继续把另一块也换下来，且不用调整直接操作：Rw U Rw'。

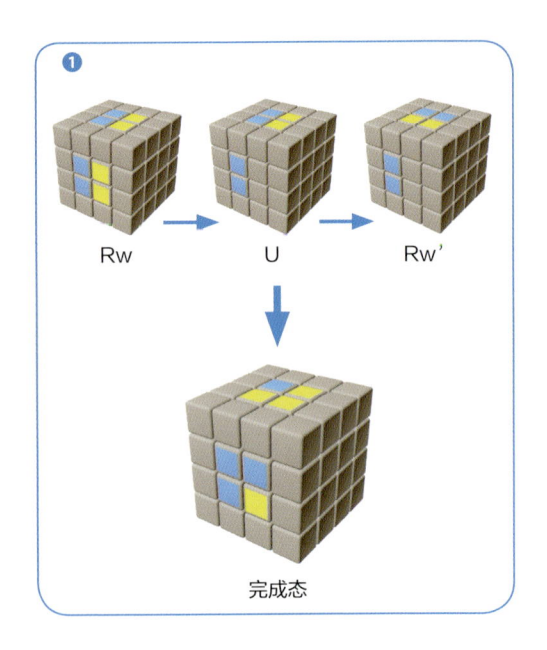

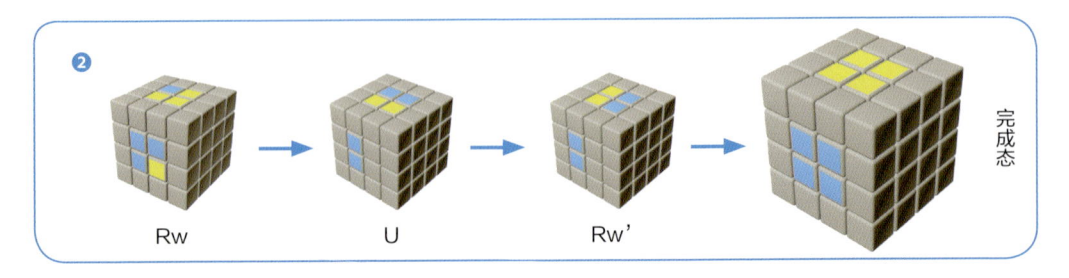

❶ Rw → U → Rw'

完成态

❷ Rw → U → Rw' → 完成态

❸ 大家有没有发现什么问题呢？中间的两步是重复的：Rw'+ Rw。两步可以抵消，两个 U 也可以叠加为 U2，所以这种情况就变成：Rw U2 Rw'。

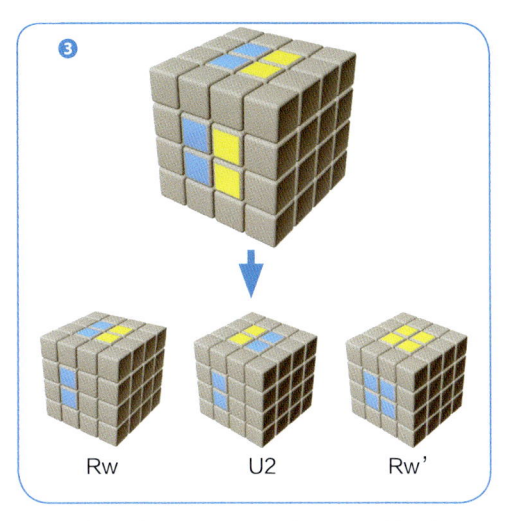

❸

Rw　　U2　　Rw'

仔细分析一下其实也不难理解：第一步 Rw 将蓝色 1×2 和黄色 1×2 放到同一平面，第二步 U2 将蓝色 1×2 和黄色 1×2 交换了顺序，Rw' 将中心块复原。于是我们就这样推出了高阶魔方拼中心的另外一个常用情况。怎么样，是不是不难？

举例继续，我们上面学习了 Rw U Rw'，其实它是右手手法的变形，所以用左手手法能不能拼中心块呢？答案是肯定的。

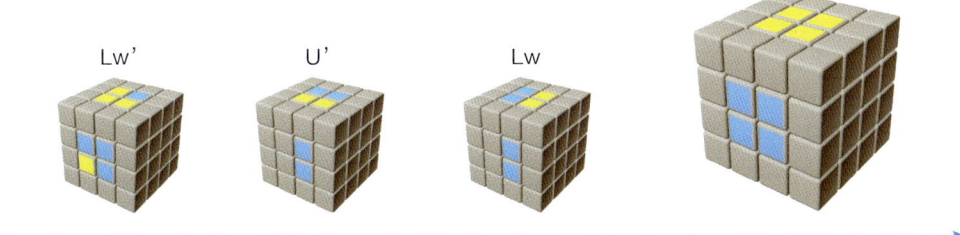

Lw'　　U'　　Lw

还有如下两种情况，同样是可以推理的，其实用的原理都是"**先组成 1×2 再拼到一起，中心块先破坏再恢复**"。

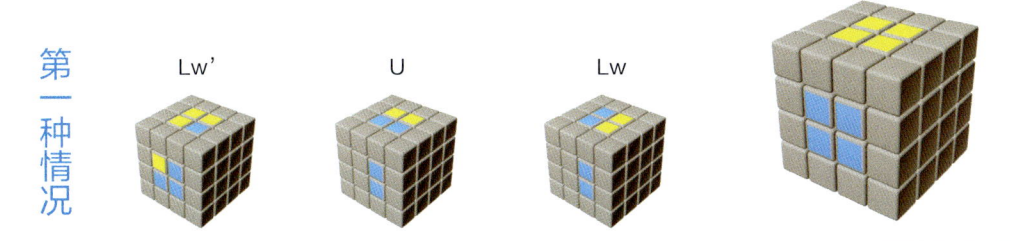

第一种情况　　Lw'　　U　　Lw

第二种情况

Rw　　U'　　Rw'

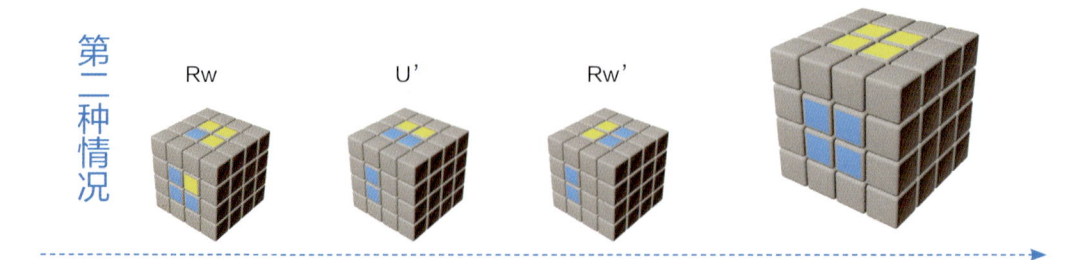

以上分析基本上就是拼中心块时最常用的几种情况了，但是我们在学习的时候不要死记硬背，而是要理解才可以活学活用，只有完全理解了四阶魔方，才能顺利拼出更高阶的魔方。

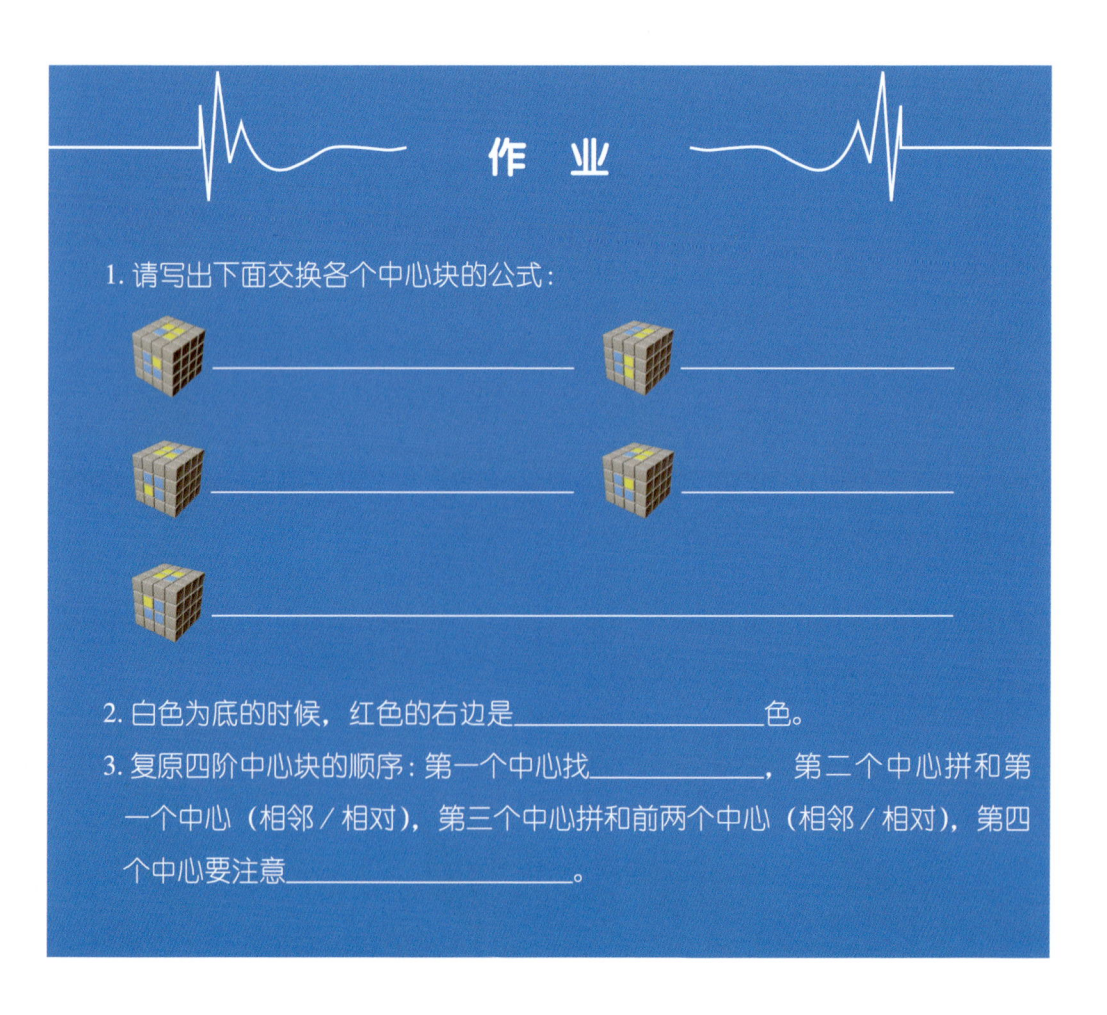

作 业

1. 请写出下面交换各个中心块的公式：

　　　_____　　　　　_____

　　　_____　　　　　_____

　　　_____

2. 白色为底的时候，红色的右边是_____色。

3. 复原四阶中心块的顺序：第一个中心找_____，第二个中心拼和第一个中心（相邻／相对），第三个中心拼和前两个中心（相邻／相对），第四个中心要注意_____。

第四节　合并棱块

这一步的目标就是把所有颜色相同的棱块合并到一起。

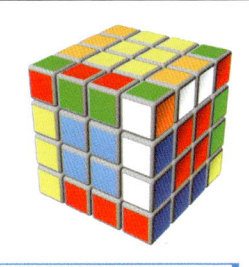

🔍 一、第一种合棱方式

首先我们需要找到一对颜色相同的棱块，然后把它们放到同一平面的同一行。这一步刚开始可能会有一些问题。因为我们之前合并好了中心块，所以现在**无论怎么转动最外面的一层，都不会打乱中心块**。在找的时候可以随意转动最外层，但是大家一开始可能不知道怎么放在同一行，下面我列举几种情况来帮助大家理解。为了表达方便，我们没有加上转体，大家在理解以后可以按照自己最顺手的方式转动，自行推理镜像和各个角度。

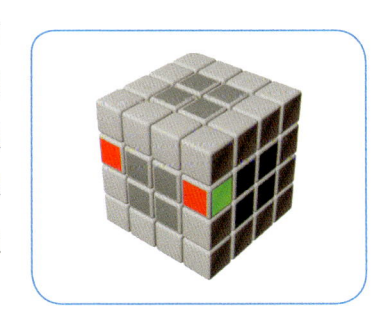

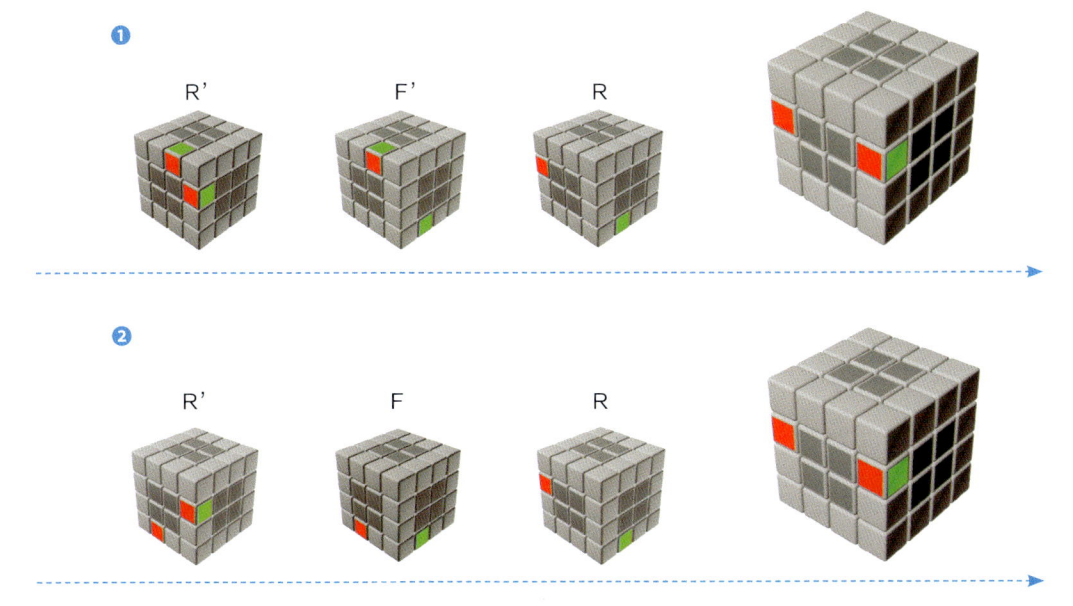

❶　R'　F'　R

❷　R'　F　R

❸ U　L

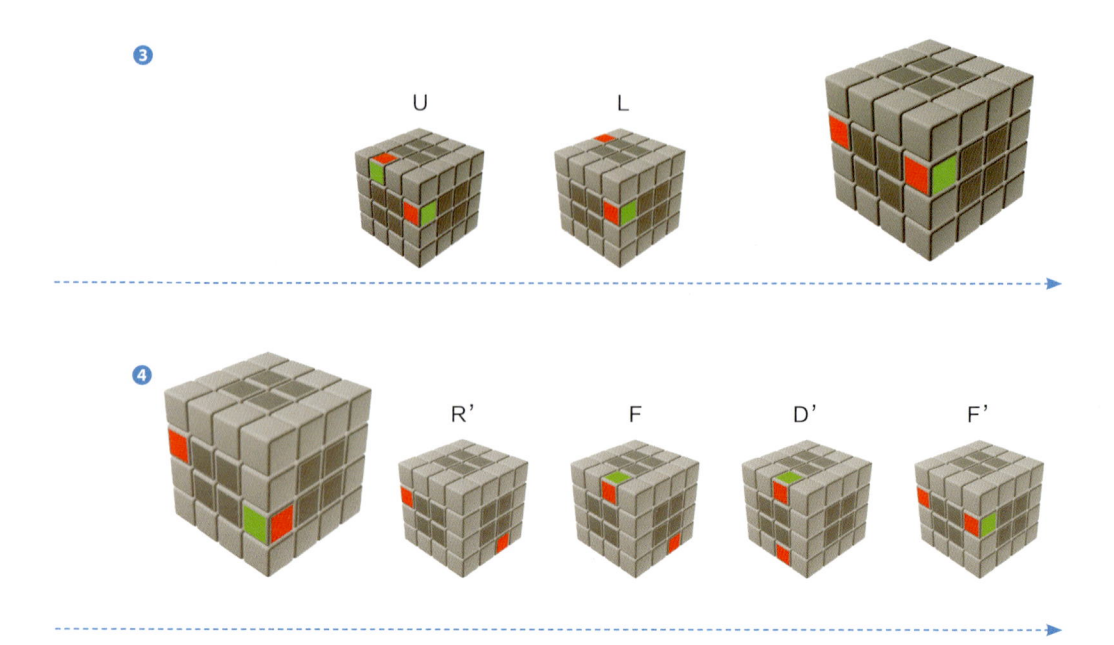

❹ R'　F　D'　F'

公式：把两个目标棱块放到同一行以后，就可以利用我们的新手法操作了。

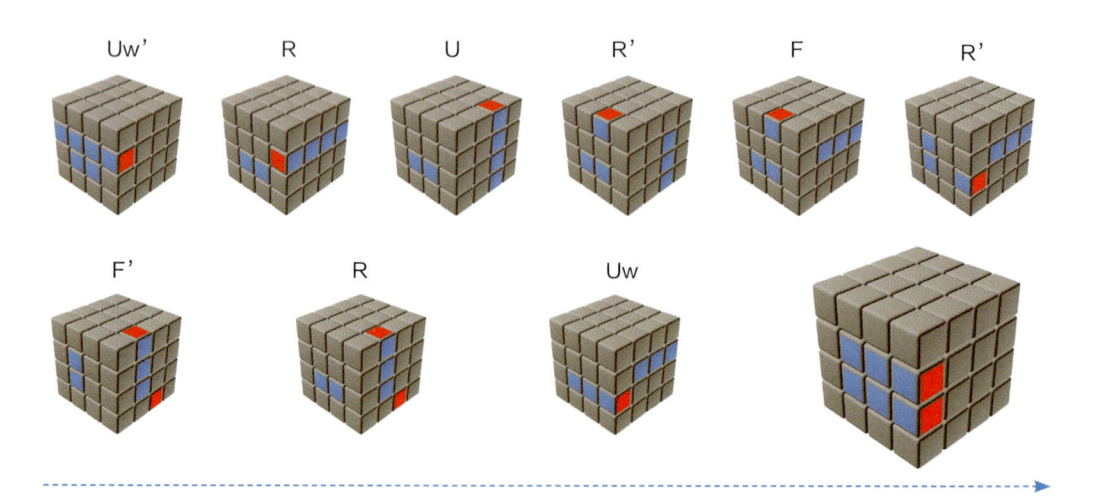

Uw'　R　U　R'　F　R'

F'　R　Uw

至此两个棱块就成功合并到一起了，因为这个手法是高阶魔方合棱的唯一手法，要想灵活运用，必须知道这个手法的原理。不难发现，最后这个手法的第一步和最后一步是互逆的（Uw'和Uw），那么中间这几步做了什么就尤为重要。其实这几步就是将右手边中层的棱块上下颠倒了。

❶ 前三步 R U R' 是为了把目标棱块放到顶层。

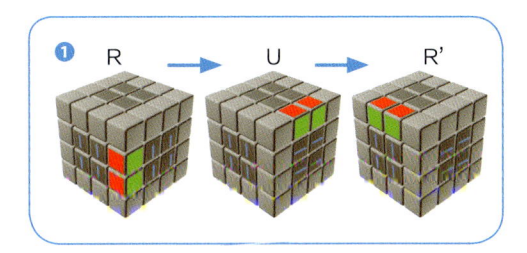

❶ R → U → R'

❷ F 是把棱块放到目标位置，此时棱块方向已经发生变化，但是中心块的顺序没有复原，所以下面三步（R' F' R）是为了调整中心块。

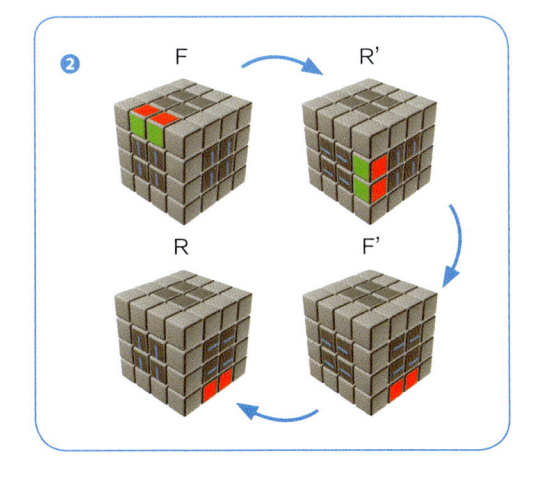

❷ F → R'

R ← F'

了解了这个手法的作用以后，上面的这种情况就可以直接用此手法处理了。

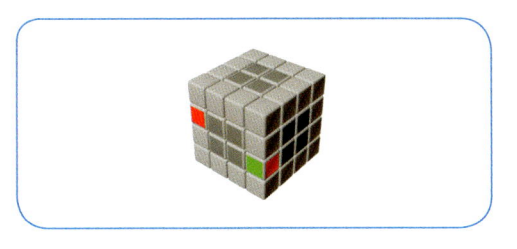

❸ 那么我们继续看，前后的 Uw 和 Uw' 又有什么作用呢？前两层向右推一下，之后做翻棱手法，把目标块转到下面去，这样另一块回来时就正好合到一起！

❹ 当两个棱块在同一平面且在下面时依然可以用这个手法，大家可以通过这个手法把所有棱块都合并了！

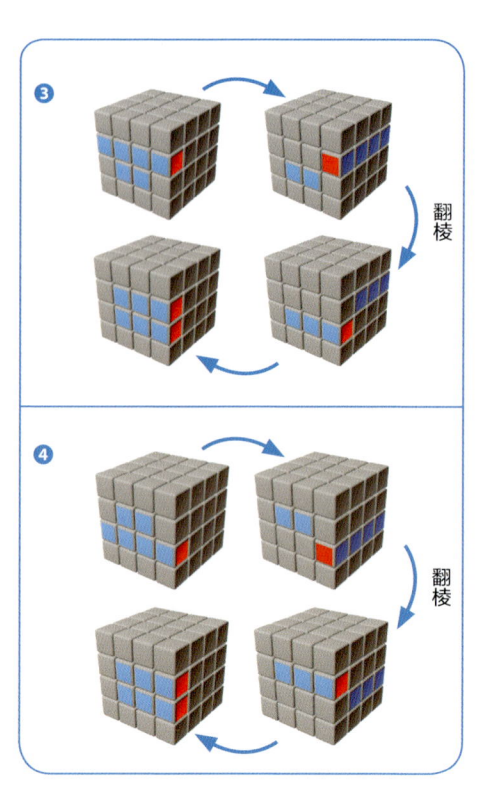

二、第二种合棱方式

下面介绍第二种合棱方式，虽然第一种方式可以通用，但是确实步骤有点长，比较影响速度。第二种合棱方式也是比较容易理解的，在后期高阶魔方中运用很多。在第二种合棱方式中，两个棱块位于错开的位置。

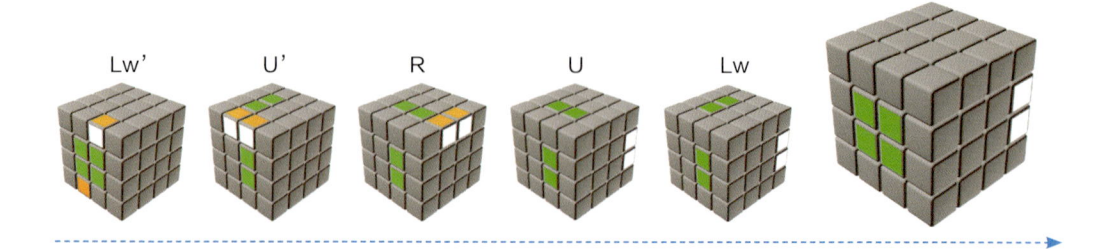

Lw'　　U'　　R　　U　　Lw

这个公式不用硬记，完全可以靠理解的方式记下来。

上面的步骤将两个棱块合并到一起，下面需要考虑的就是怎么把已经拼好的棱块换到其他地方。

❶ 现在可以观察左右两边的棱块，看有没有合好的棱，就像图中右侧的棱是"坏"的，所以我们用它来替换合好的棱块。

❷ 把我们的棱块转到右边，想用该棱块将右边的这组"坏"棱换下来。

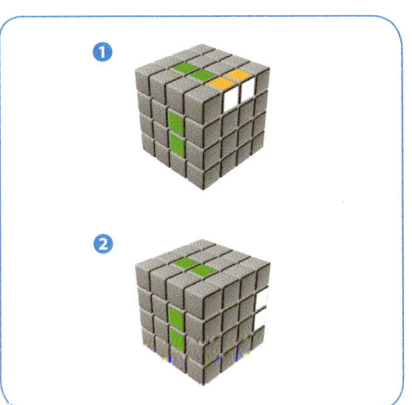

❸ 把"坏"棱转到上面后我们的"好"棱就被换到了后面安全的地方。

❹ 顶层回来，复原中心块，这一步我们会发现"坏"棱被拆开，这就是为什么要找一个"坏"的棱来替换，否则永远也拼不好所有的棱块。

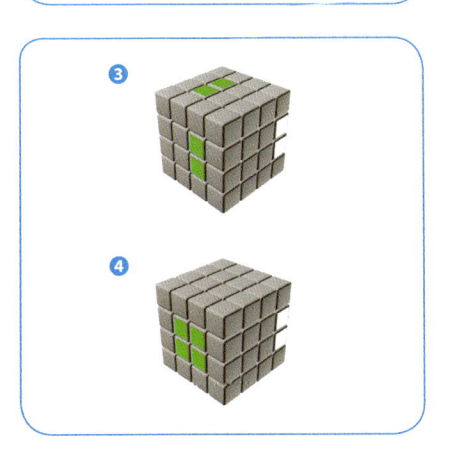

至此，我们就可以自行推导一下用左侧"坏"棱来替换的操作步骤：

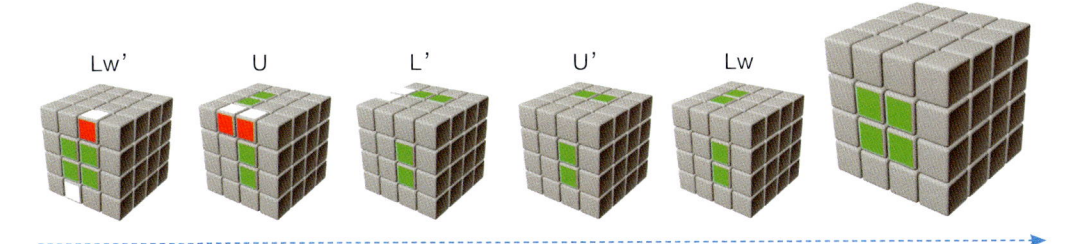

Lw'　　U　　L'　　U'　　Lw

第二种方法节省了我们非要调整到同一层的烦恼，手法也比较顺手，节约了不少时间。孙老师在合棱的过程中，遇到棱在同一层的情况时就用第一种处理方法；遇到两个棱块错开的情况时就用第二种方法，小伙伴们可以灵活运用。

当然第二种方法也有一个提速的小技巧，就是在最后三个棱块的时候，按照右面的摆法，直接做第二种合棱公式就可以了，三条棱都合好了，是不是很棒？

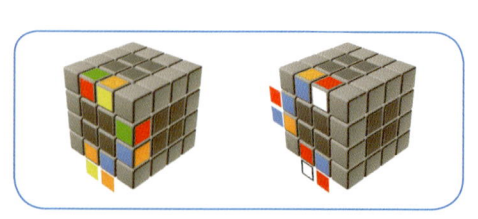

作业

1. 这条公式的作用是什么：R U R' F R' F' R

2. 如何将图中的两个棱块合并到一起？＿＿＿＿＿＿＿＿

第五节　三阶部分复原和特殊情况的处理

如右图所示，如果在复原的过程中没有出现问题的话，那么四阶魔方每一面的中心块应该都是一个颜色，并且顺序正确。每边的两个棱块应该都是颜色一致的。下面只需要把四个中心块看成一块，两个棱块看成一块，就变成了一个三阶魔方！我们就可以用三阶魔方的办法复原了！

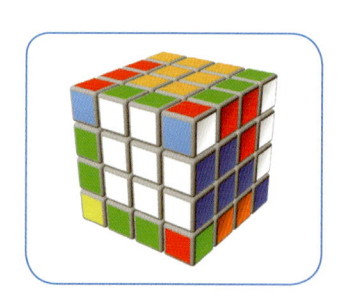

但是别高兴得太早，因为偶数阶魔方的特殊结构，在拼中心时，虽然在我们眼里四个中心块是等价的，但是它们的顺序已发生变化，所以棱块就会出现特殊情况，而且目前也没有特别好的在拼之前就可以解决四阶特殊情况的方法，全世界通用的方法是利用特殊情况的公式直接解决。下面我们

就来具体看一看两种偶数阶魔方（二阶除外）特殊情况的处理方法。

一、特殊情况 0：第一层角块不对

这种情况是初学四阶魔方时最爱犯的一种错误了，因为它根本不是特殊情况，所以我们把它称为特殊情况 0。其实大家仔细观察一下右下方的图片就会发现这个魔方的问题：中心块顺序不对。我们在这里再次强调中心块顺序的重要性，并且带着大家再次记忆：浅色相对（白对黄）；暖色相对（红对橙）；冷色相对（蓝对绿）。相对位置记住以后，还需要记住：以白为底时，红色的左边是蓝色。只要记住这些，其他颜色都可以自动推理出来。一般出现这种情况，往往是需要交换相对面的两个中心块，所以在这里也教大家一条快速交换上下两个平面中心块的公式：

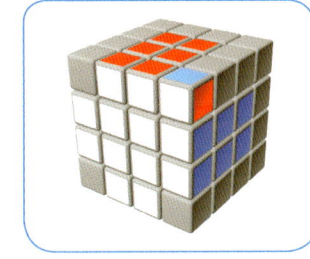

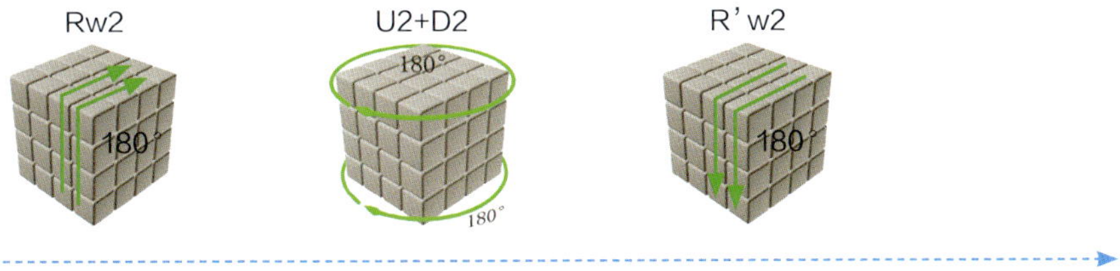

Rw2　　U2+D2　　R'w2

二、特殊情况 1：O 特

这种特殊情况会出现在顶面十字这一步，大家可能会发现顶面十字做不出来，或者出现了我们没有见过的非"点"、"三点半"、"一"和"十字"的情况，那么恭喜你，遇到了第一种 O 特的情况。

为什么叫 O 特呢？其实 O 特是 "OLL 特殊情况"的简称，在 CFOP 高级方法中第三步 OLL 出现的，也因为这样称呼比较简单、上口，所以就称为 O 特。

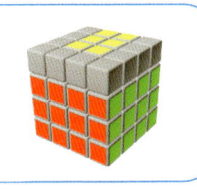

但是这一步的实际情况是（如下图所示）有一个棱块的方向反了。这种特殊情况出现的概率是 1/2，而且这种特殊情况是每个 Cuber 都不愿意看到的，为什么呢？因为解决的公式太长了！很多朋友因为公式"太长不记"，所以每次遇到它的时候都把魔方打乱再重新复原，因为出现的概率是 1/2 嘛，还有 1/2 的机会不遇到这种情况！

但是大家不知道，不光我们的四阶需要这个公式，四阶以上的高阶魔方都会用到，可见这条公式的重要性。而且这条公式其实是孙老师玩魔方这么多年来记得最长的一条公式了，所以大家就排除万难、努力记一下就好了。

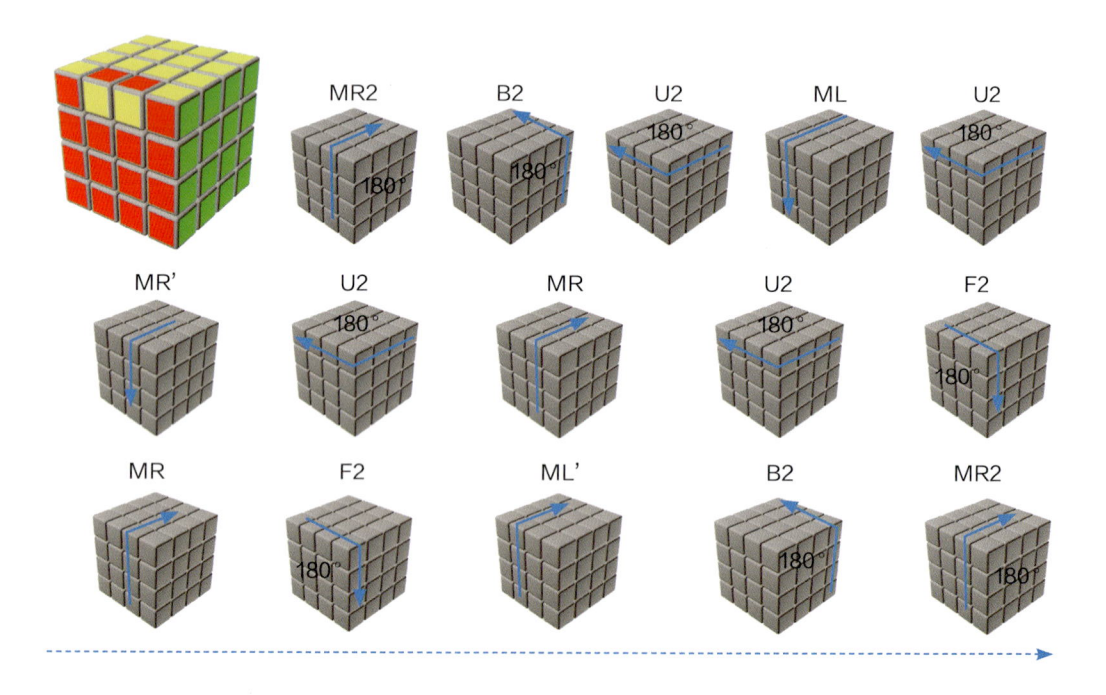

MR2 B2 U2 ML U2
MR' U2 MR U2 F2
MR F2 ML' B2 MR2

三、特殊情况 2：P 特

这种特殊情况出现在三阶魔方复原的最后一步：调整顶面棱块位置。P 是 PLL 的简称，是指 CFOP 中的最后一步。P 特的情况是指有且仅有两个棱块需要交换，无论这两个棱块是相邻还是相对，直接按照公式操作即可。

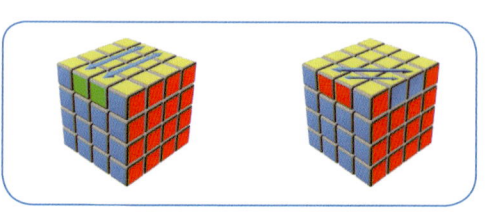

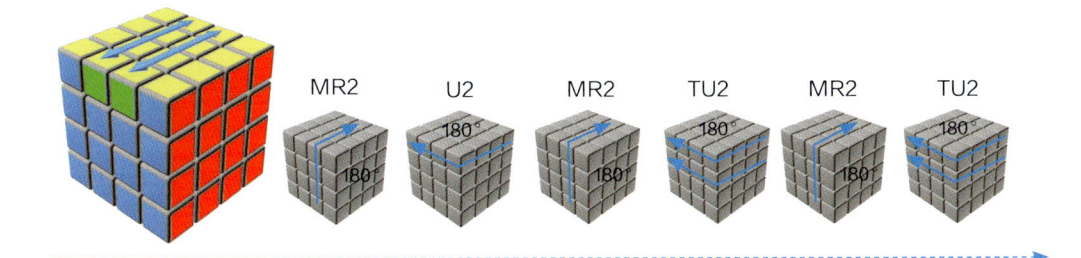

| MR2 | U2 | MR2 | TU2 | MR2 | TU2 |

最后介绍一种比较顺手的四阶 O 特处理手法，也是现在比赛时最常见的：

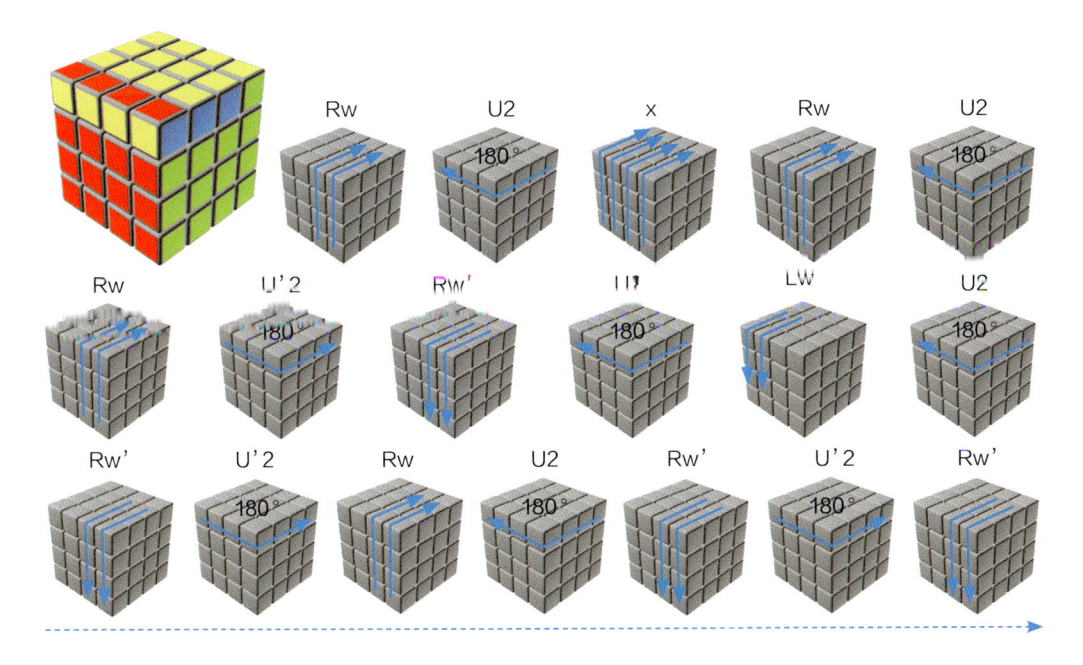

Rw	U2	x	Rw	U2
Rw	U'2	Rw'	U2	Lw	U2
Rw'	U'2	Rw	U2	Rw'	U'2	Rw'

聪明的你可能已经发现了，这个 O 特手法还顺便处理了一下 P 特，但是由于 P 特的出现概率为 1/2，所以并不影响复原的总体时间。

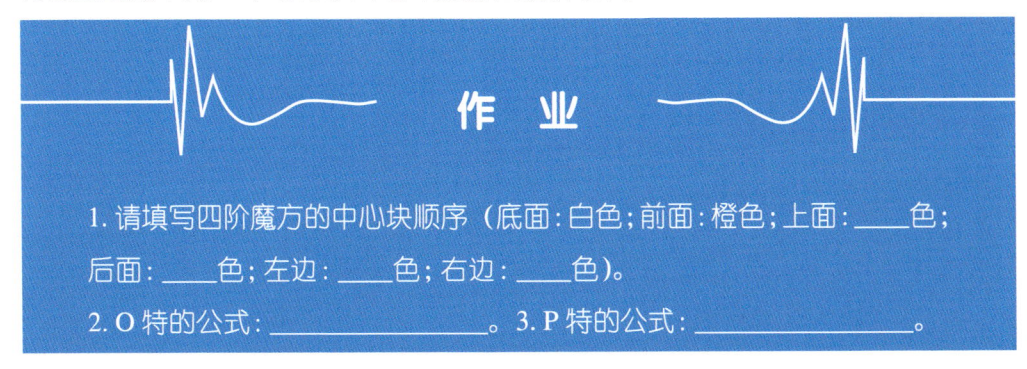

作业

1. 请填写四阶魔方的中心块顺序（底面：白色；前面：橙色；上面：____色；后面：____色；左边：____色；右边：____色）。
2. O 特的公式：_____。 3. P 特的公式：_____。

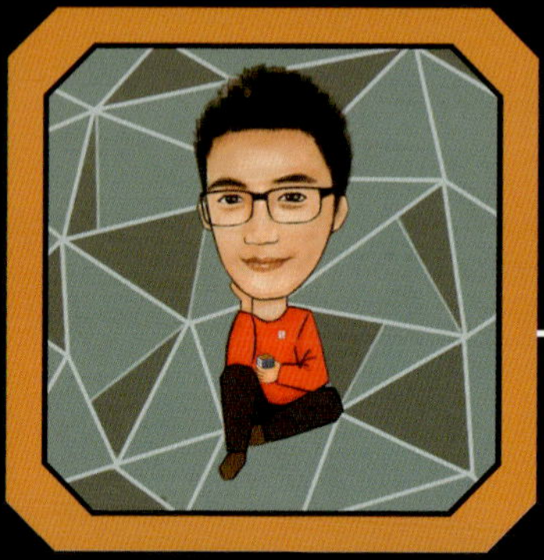

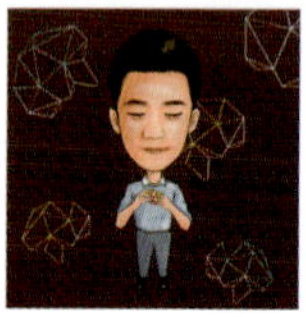
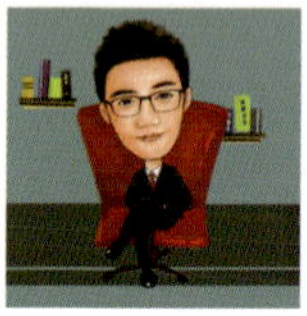
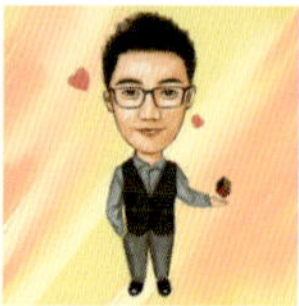
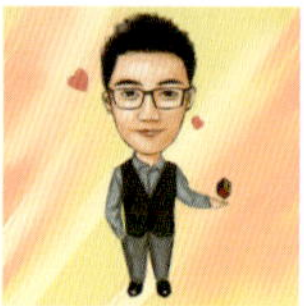
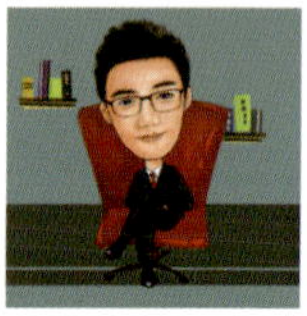
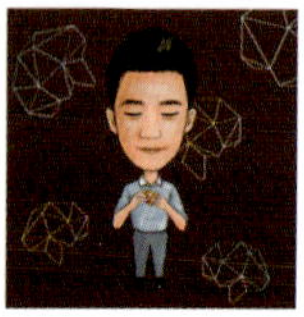

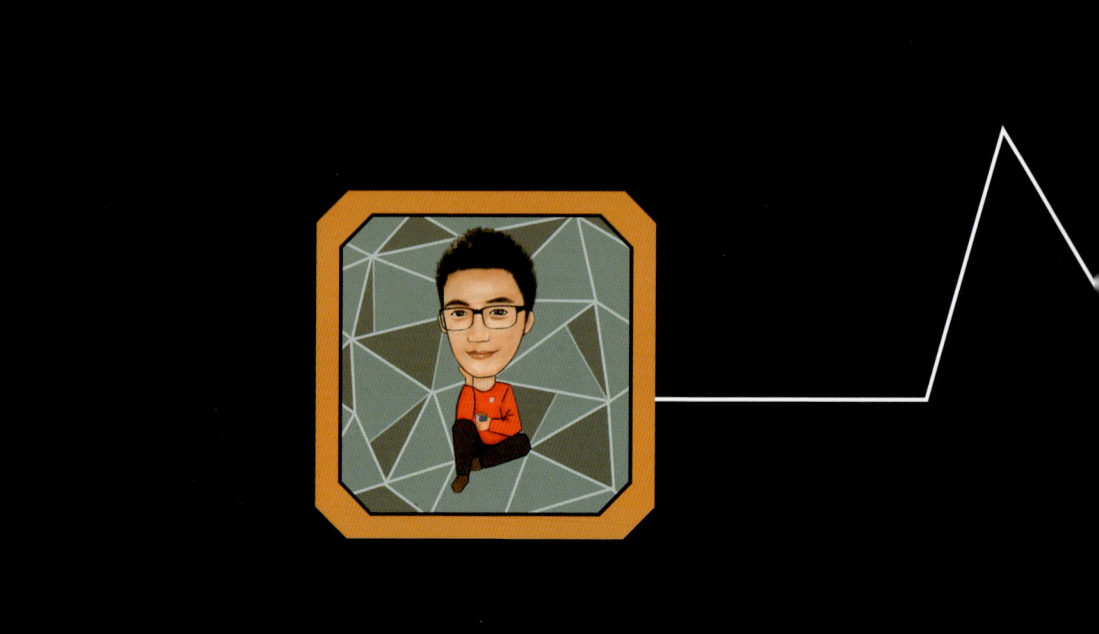

第五部分

异形魔方解法

第六章

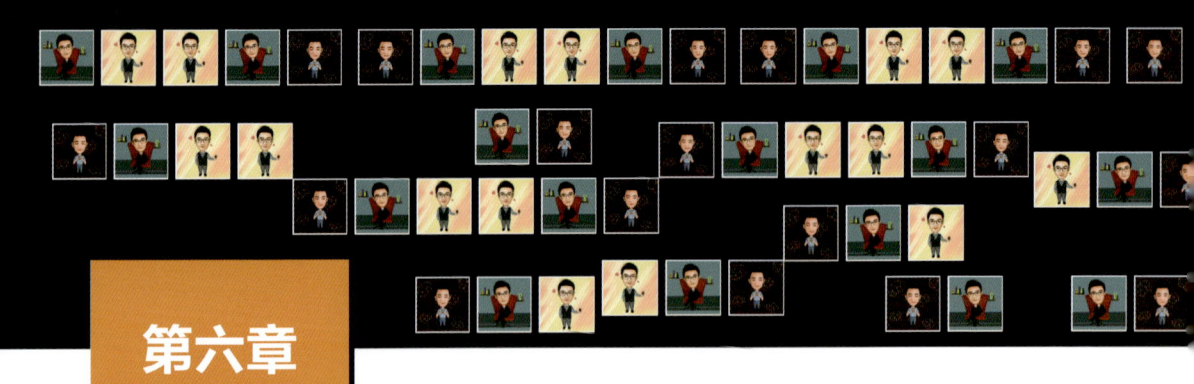

金字塔魔方

第一节　金字塔魔方的结构

  金字塔魔方是一款比较经典的异型魔方。金字塔魔方跟我们之前学习的正六面体魔方的不同之处在于，它是一个正四面体，里面有一个只有四个方向的中心轴。它的难度相较于正六面体魔方而言略简单，<u>难度小于二阶魔方。</u>所以，金字塔魔方是我们必学的魔方之一，甚至可以作为我们学习魔方时的第一个品类，而且也是一款超受孩子们喜欢的异型魔方。

  金字塔魔方的复原非常简单，甚至不需要学习手法和公式，完全靠理解就可以将其复原，所以孙老师的意见是大家可以先不看教程，独自尝试复原一下，之后再按照下面讲解的最简单的金字塔复原方法进行操作，后面的教程中还会介绍高级方法。

思考环节

金字塔魔方的角块、棱块、中心块分别是哪些呢？

第六章　金字塔魔方

和三阶魔方一样，金字塔魔方同样存在中心块、棱块和角块。大家可以先自行判断一下，再对照我们的教程检查答案。因为大部分魔方都是基础魔方的变形，所以我们需要做的也只是把它们和正常类型的魔方进行对比。

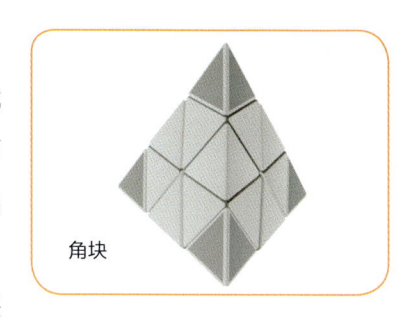

金字塔的四个顶角就是它的角块，特点是：每个角块有三个色块，只能原地旋转，并且通常情况下调节金字塔魔方的螺丝也藏在其中。

金字塔每条边中间的块为棱块，特点是：每个棱块只有两个色块，是唯一位置会发生变化的块。

金字塔中间的块为中心块，特点是：位于每面中间的位置，每面有三个中心块，中心块和中心轴直接相连并且只可以原地旋转。

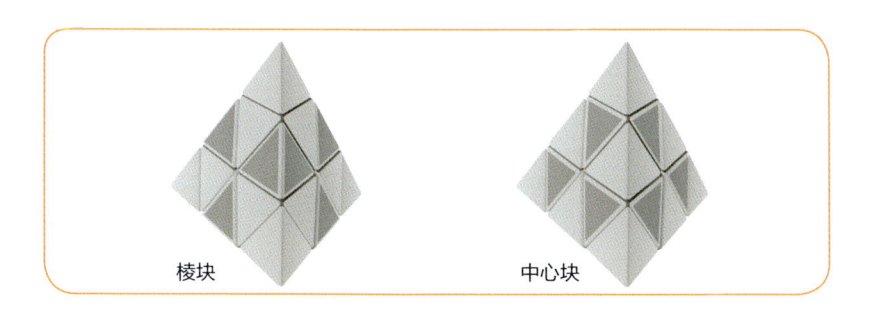

怎么样，你答对了吗？

作业

判断右图中的块是棱块、中心块还是角块？

① _____　② _____

③ _____　④ _____

第二节

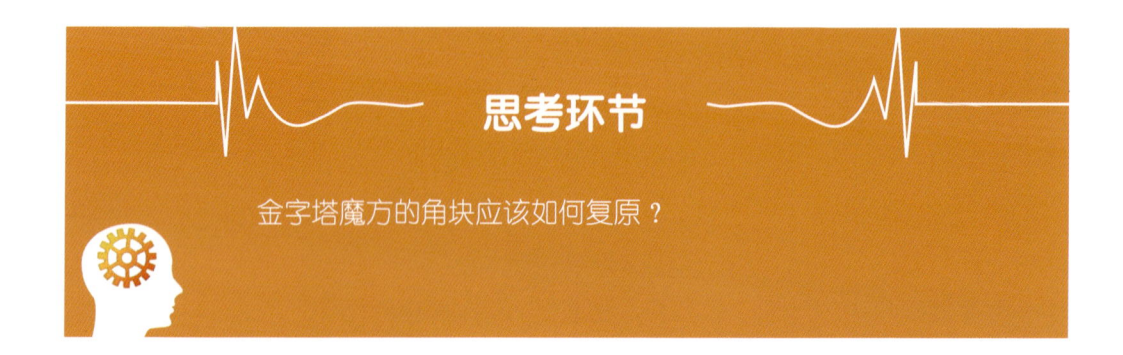

思考环节

金字塔魔方的角块应该如何复原？

这一步的目标是将所有的角块和中心块的颜色拼好，如右图所示。

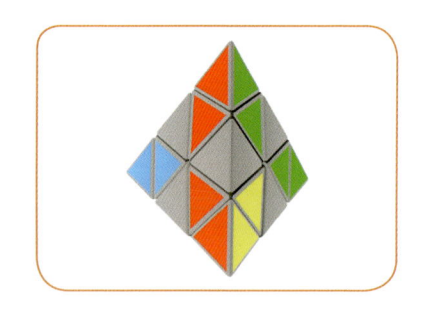

其实细心的朋友可能已经发现，金字塔魔方的中心块和角块都只能原地旋转，而且中心块连接中心轴，角块连接中心块，所以这一步只是简单转动金字塔的四个角块，使它的每面颜色和中心块相同就可以了。怎么样，是不是很简单呢？

作 业

练习金字塔魔方角块的复原步骤。

第三节　金字塔魔方第二步：三脚架

思考环节

如何确定金字塔魔方每面的颜色？

我们先回忆一下三阶魔方的复原方法，是从底层的小花、十字开始再到第二层和第三层，也就是所谓的"层先法"。所以类比到金字塔魔方，我们同样可以一层一层地拼，第一步我们需要用棱块去搭建一个"十字"，只不过金字塔魔方呈现的是"三脚架"，用的块是中心块而不是棱块。

这一步利用的原理是金字塔魔方中心块的特点：只能原地旋转，所以大家需要做的只是原地旋转中心块就可以了，但是大家在操作过程中会遇到如下这种情况。

提问：左侧的黄色中心块可以转到右侧空缺的位置吗？答案是不可以。因为金字塔魔方的中心块只可以在原地旋转，它的位置不能发生变化，所以这种情况是拼不过去的，出现这种情况的原因是我们对于颜色判断出现错误。由于金字塔魔方和三阶魔方不一样，每个面上没有一个固定的中心块，所以拼之前需要先确定各个平面的颜色。

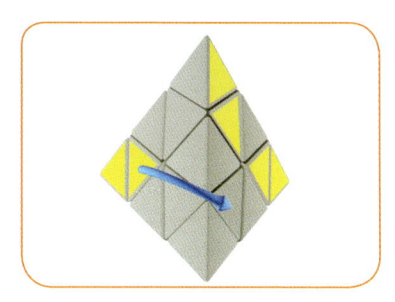

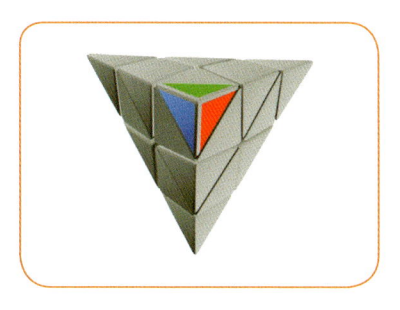

判断方法很简单，因为金字塔魔方只有红、黄、蓝、绿四种颜色，只需要观察金字塔的一个角块，角块有三种颜色，缺哪种颜色，该角块对面的平面就应该是哪种颜色。例如，角块只有红、蓝、绿，缺黄色，那么这个角块对面的颜色就应该是黄色。

当判断完颜色后情况就变得非常简单了，只需要把判断好的中心块颜色转到相应平面就可以了，这样一面的三脚架就做好了。当然你也可以再转动一下前两层，把四个面的三脚架都做出来，但是当我们熟练这一步操作以后就会发现，这一步是没有什么实际作用的。

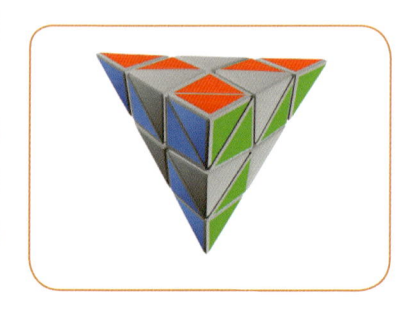

总结一下吧，金字塔魔方拼三脚架的具体步骤是什么呢？大家一起回答：判断颜色、转动中心块。

作业

请大家判断一下，如下图所示角块的对面平面是何种颜色？

第四节　金字塔魔方第三步：第一层

思考环节

自己尝试拼出金字塔的一面甚至一层吧！

第六章 金字塔魔方

三脚架完成以后，我们就可以继续完成金字塔魔方的第一层，首先选择一个面当作底面，再来完成这一层。这一步的拼法和三阶魔方第三步第一层的操作方法相似：找棱块、定位、拼到位。

一、找棱块

第一步找棱块，就是在第二层寻找有底色的棱块。如右图所示，我们做的是黄色底，所以需要从第二层找一个带黄色的棱块。

二、定位

第二步是定位，金字塔魔方的定位比较简单，只需要转动底下一层，将找到棱块的另外一个颜色和中心块拼到一起即可，会有在右和在左两种情况（如下面的 ❶ 和 ❷）。

三、拼到位

第三步是拼到位。通过判断可以知道，❶ 棱块在右边时，它需要到左下方；❷ 在左边时，它需要到右下方。

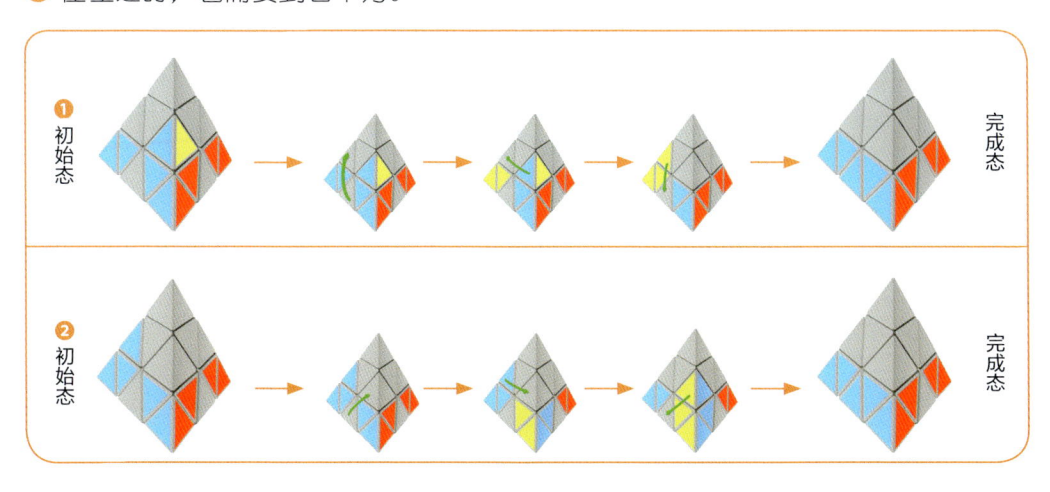

思路是：我们不能把棱块直接转下去，所以需要把目标位置转到第二层，然后把找到的棱块通过第二层的转动转到目标位置，再将目标位置复原。需要注意的是，如果棱块在左边，那就把目标位置向右上方转；如果棱块在右边，就把目标位置向左上方转。再重复上面的操作，直到金字塔魔方的第一层全部复原。

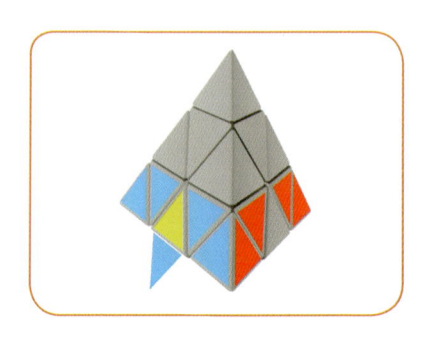

特殊情况：我们需要的棱块在下面时，只需要把下面的棱块利用上面的步骤换上来即可，跟我们三阶魔方特殊情况的处理方法相同。

但是大家在拼到这一步时一定要注意理解，只有理解了，才能掌握金字塔魔方的复原方法，也可以帮助我们做到没有废步地复原第一层，并为我们后面的操作打下坚实的基础。

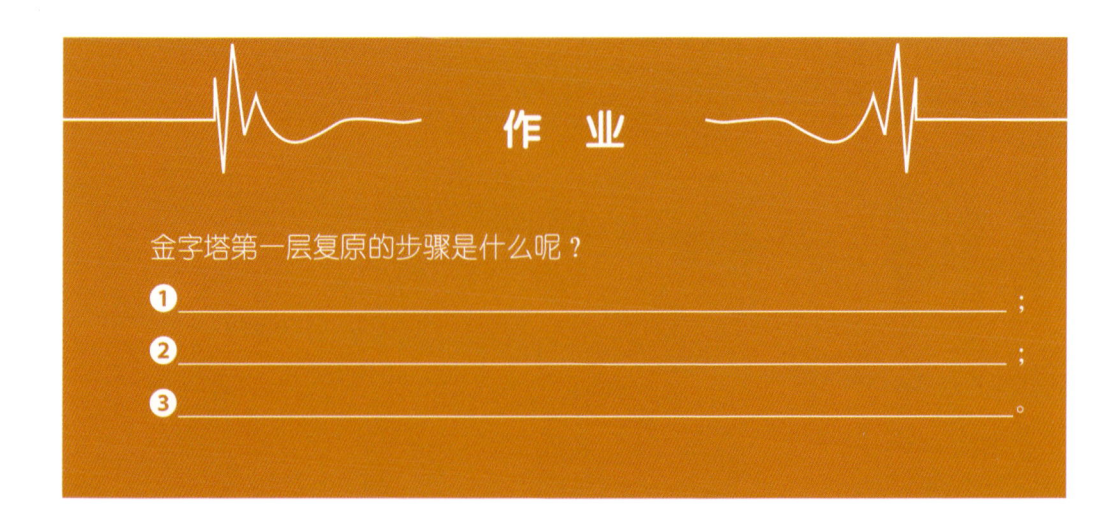

作 业

金字塔第一层复原的步骤是什么呢？

❶ _____ ；

❷ _____ ；

❸ _____ 。

第五节　金字塔魔方第四步：复原

思考环节

如何用已学内容复原金字塔魔方？

其实金字塔魔方的教程讲到这里就已经讲完了，因为我们复原金字塔魔方后面的操作步骤只需要换一个平面，也就是底色，再继续重复第二步第三步的拼法即可。换平面，拼一层，如此循环，直到金字塔全部复原。如果拼法完全按照我们的方法执行且没有废步的话，最多需要拼三次就可以复原。金字塔魔方的变化比较少，所以在复原第一层时，就已有很大几率直接复原了，即使没有复原，也能把金字塔魔方的三个棱块拼好。通过之前的结构分析，我们不难发现，复原金字塔魔方的重点是拼棱块，所以在完成了三个棱块的方向和位置复原后，换个底面拼好一层，再换一层就可以将剩下的棱块复原，从而复原整个金字塔魔方。

这个其实就是金字塔魔方的初级复原方法，我们后面还会陆续介绍一些金字塔魔方的高级拼法。

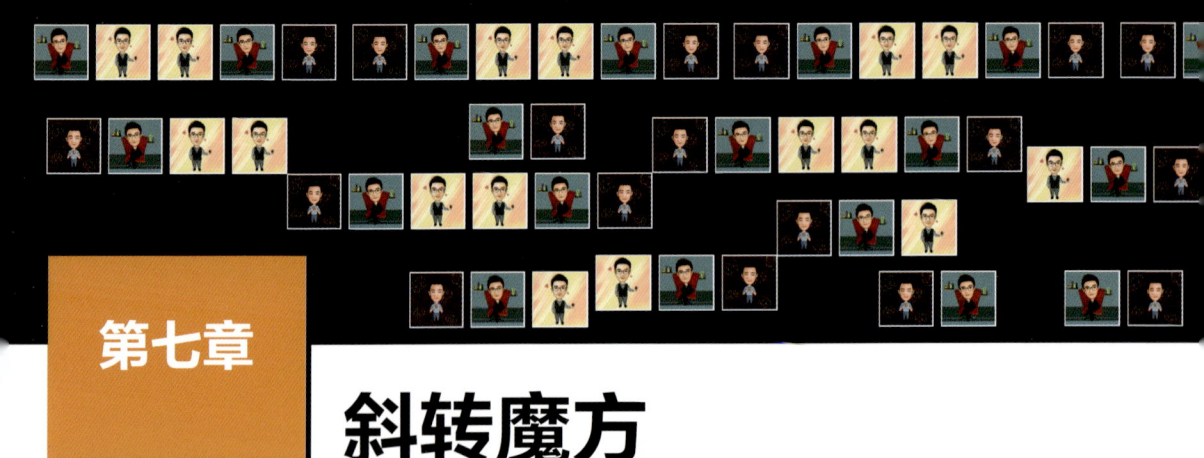

第七章

斜转魔方

第一节　斜转魔方的转动原理

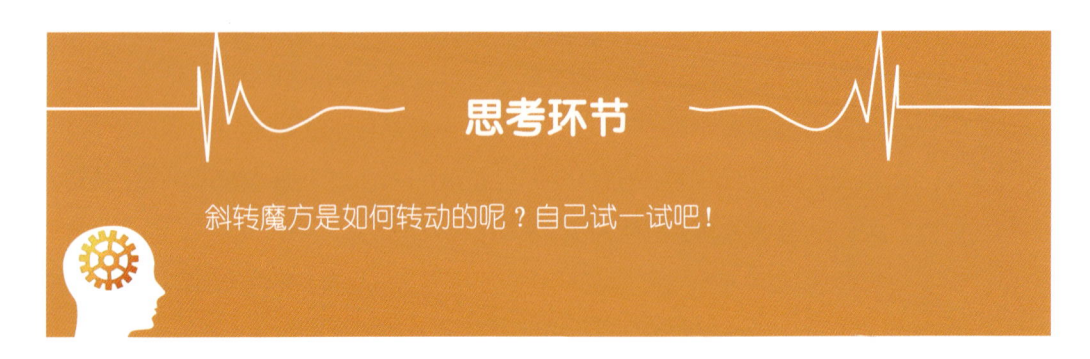

思考环节

斜转魔方是如何转动的呢？自己试一试吧！

　　斜转魔方是乌韦·梅弗特所设计的一款经典异形魔方，并且于 2014 年作为最新竞技项目被收录到 WCA 世界魔方协会的项目中。斜转魔方是发展比较快的魔方种类之一，它漂亮的设计和简单的解法受到大家追捧。下面我们就来具体学习一下斜转魔方的解法。

　　其实斜转魔方和金字塔魔方一样，也是四轴类魔方，但是它转动的联动方式导致它的解法和金字塔不同。斜转魔方并不难,它的难度大于二阶魔方,小于三阶魔方,最基础的复原也仅仅需要一个手法。大家刚开始接触斜转魔方时可能不知道怎么转动，甚至很容易出现脱手的情况。不要灰心呀，因为我非常尊敬的李永波教练在《最强大脑》的舞台上也在打乱斜转魔方时多次"失手"。

在这里同样建议小伙伴们先自己转动一下斜转魔方，了解它的转动原理后再来学习我们下面的复原方法。

其实通过转动不难发现，斜转魔方是以它的八个角作为旋转中心的。转动时只需要把大拇指、食指和无名指放到想要转动的角块相邻的三个中心块上，就可以比较"舒服"地转动了。只要掌握了这个方法，接下来，我们就可以愉快地学习斜转魔方啦！

第二节　斜转魔方第一步：第一层

思考环节

斜转魔方的转动规律是什么，以及如何拼出斜转魔方的第一层呢？

我们这一步的目标是拼出一个中心块和与它相邻的四个角块，并且每个相邻角块的颜色也要相同。

我们转动的时候需要挑选一个比较容易做的底色。判断方法很简单，只要找那些尽可能多的颜色相连的面即可，示意图如下。

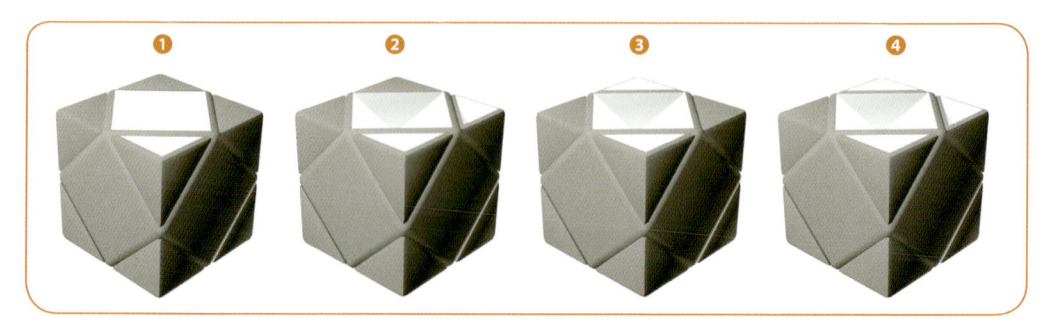

当然，如果运气不是很好，没有以上这些情况，那你可以选择打乱重新来😊。但是不建议大家这么做，多练习才是王道，不能偷懒哟！当然我们看最后一种情况，虽然白色面复原了，但是不代表第一层拼好了，因为位置的原因，很可能需要两个对角交换位置，如右图所示。

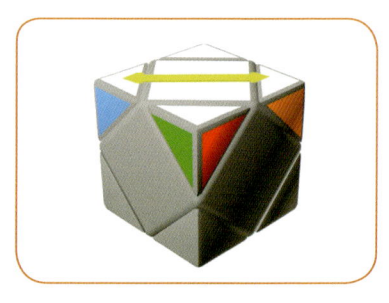

总之，我们要把选择好的底色放到底面再进行操作，不管是对于本次操作，还是后续操作，都是大有裨益的。

一、第一种情况（朝右向左或朝左向右）

角块的第一种情况：角块底色朝向左右两边，白色向左，但是要去右下方；白色向右，但是要去左下方。

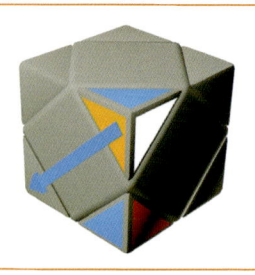

朝左向右　　　　　　　朝右向左

对于白色角块朝左的情况，只需要抓住右边的角块，把白色角块向右转动就可以了。同理，对于白色角块朝右的情况，只需要抓住左边的角块，把白色角块向左转动就可以了。

其实大家只要学会了这种转动原理，就已经学会斜转魔方的第一层复原了。后面虽然还有两种情况，但都是第一种情况的变形。

二、第二种情况（朝右向右或朝左向左）

角块的第二种情况：角块底色朝向和应去的方向一致，这时只需要将角块转成下面的情况。

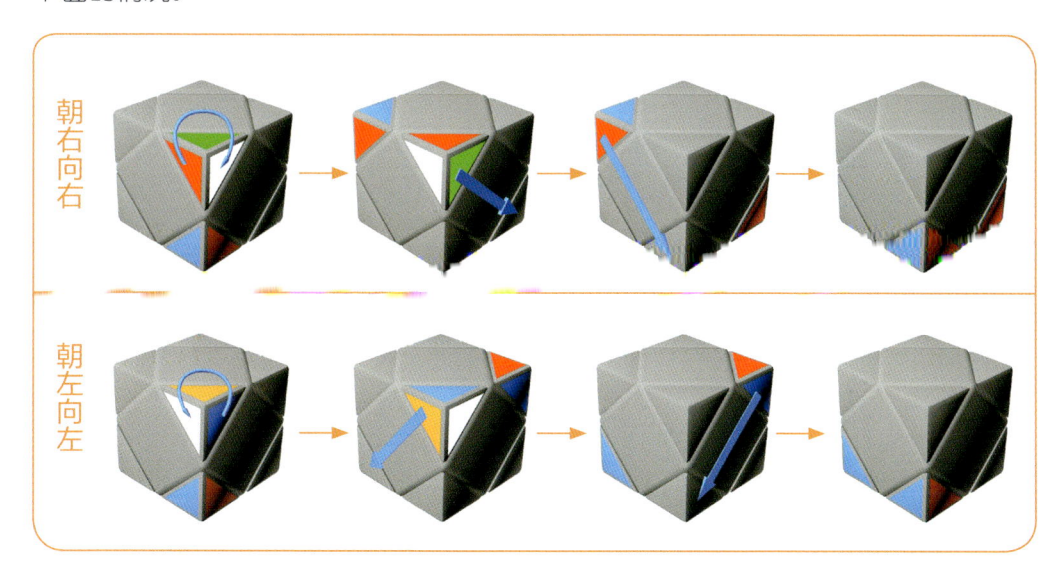

朝右向右

朝左向左

需要注意的是，这一步可能会影响到后面已经拼好的角块，最后一步就是将后面的角块复原。

三、第三种情况（底色朝上）

只需要利用空槽将这种情况转换成第一种、第二种情况：

执行以上操作后就变成了第一种或第二种情况，即可按照第一种或第二种情况处理。

作 业

练习复原斜转魔方的第一层。

第三节　斜转魔方第二步：顶面角块

思考环节

斜转魔方的这一步和三阶魔方的哪一步相似呢？

下面我们进行顶面颜色的复原，拼好第一层以后会出现以下两种情况：

❶ 第一种情况

❷ 第二种情况

它们的处理方法都是相同的，但要注意它们的摆放方向应和上图一致：

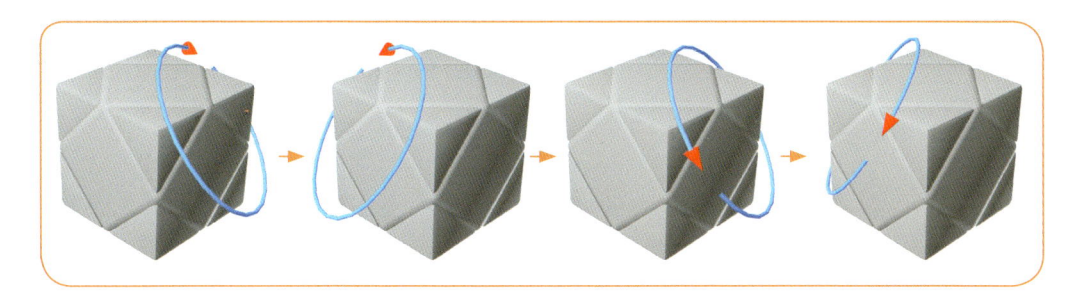

操作完成后，第一种情况就会变成第二种情况；第二种情况的顶面将直接复原。

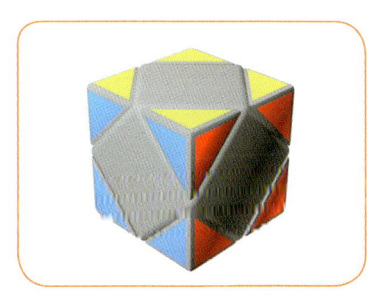

作 业

练习复原斜转魔方的角块。

第四节　斜转魔方第三步：中心块位置

思考环节

你可以用上一节学习的方法将斜转魔方剩下的部分复原吗？大家试一试吧！

我们最后一步中心块位置的复原只需要一个手法即可：

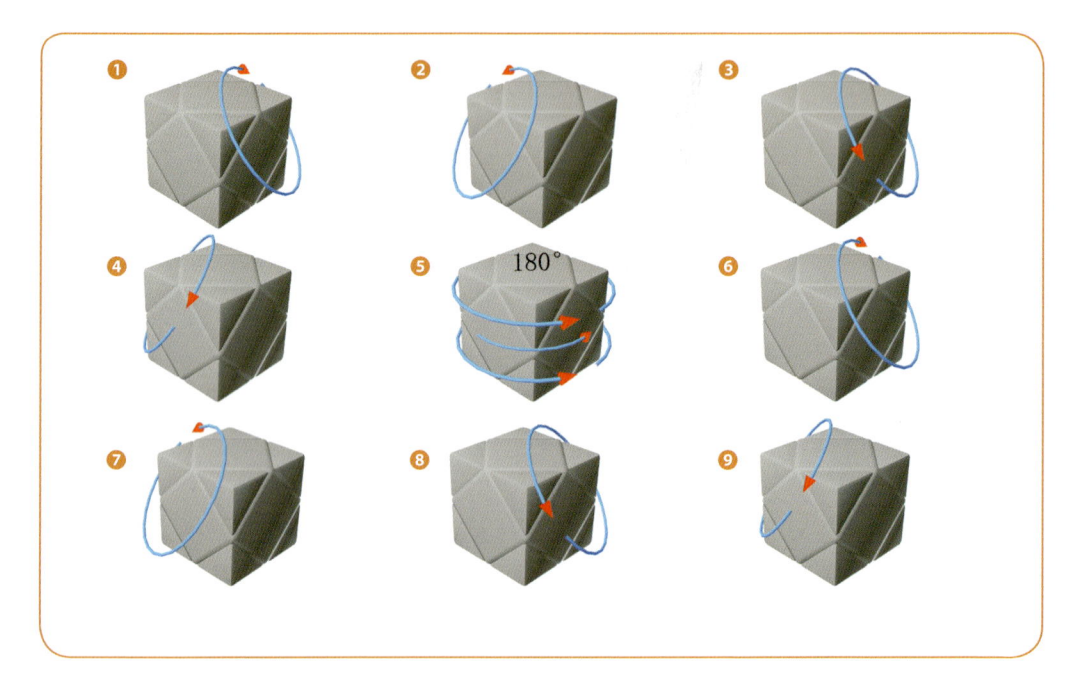

这个手法的作用是将前面的中心块换到上面；上面的中心块换到后面；后面的中心块换到前面，所以最后一步只需要利用这一个手法就可以直接复原魔方了，是不是超级简单呢？恭喜小伙伴，又复原了一种不一样的魔方。

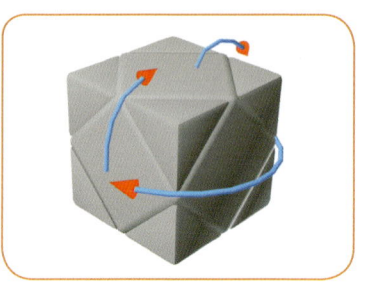

作 业

练习复原斜转魔方。

第八章

五魔方

思考环节

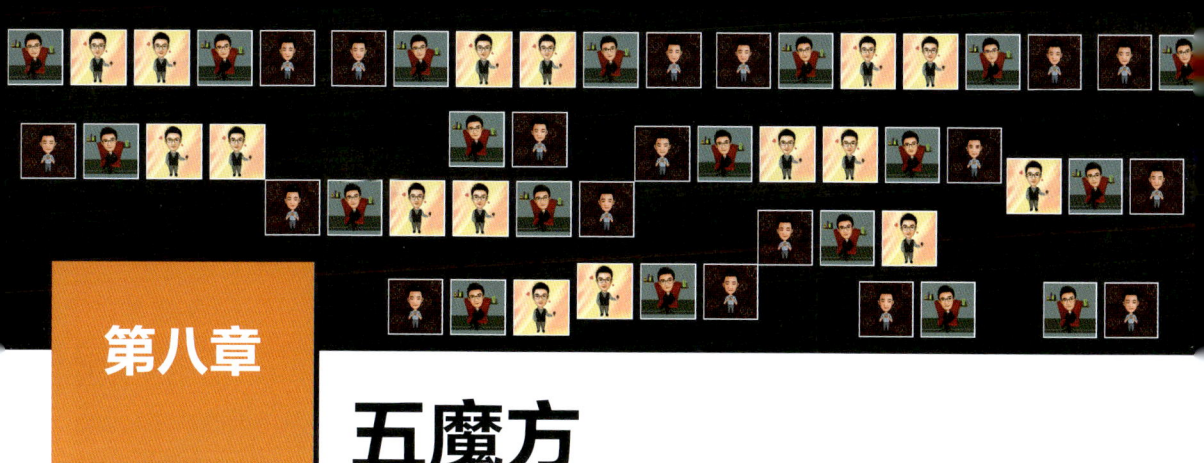

五魔方和三阶魔方的区别是什么？我们可以用三阶的方法复原吗？请小伙伴试一试吧！

　　五魔方应该是本书介绍的魔方中最"唬人"的一个了，因为它形状怪异，颜色丰富，所以很多小伙伴第一次见到五魔方时通常都会被"吓到"，但是，深入了解后就会知道，其实它的"内心"比看起来温柔多了。如果你可以成功复原三阶魔方，那么一定可以复原五魔方的90%，而且剩下的10%完全可以依靠理解来完成。

　　其实五魔方是一个正12面体，共有12种颜色。每面又都是一个五边形，故得名五魔方。五魔方的拼法和三阶魔方类似，可以对照三阶的步骤来处理。我的建议是在学习五魔方的复原手法之前一定要能够熟练复原三阶魔方，而且尽量使用我的三阶魔方初级方法，这样才可以事半功倍、无师自通。下面就开始"征服"这个吓人的五魔方吧！

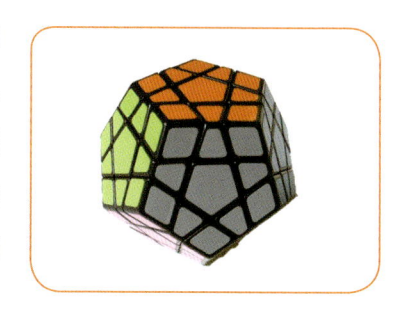

第一节　五魔方第一步：底层五角星

这一步和三阶魔方的底面十字大体相同，唯一的不同是：三阶魔方可以通过小花来过渡，但五魔方就只能直接拼五角星了。大家可能有些不适应五魔方的颜色和位置，因为实在是太多了，找起来很费劲，而且有时候找到一块以后，还要"跋山涉水"才能到达目标位置。但是我们反过来思考，如果五魔方你都可以拼得很快，那么再拼三阶魔方是不是就很简单了呢？事实也是如此，经过五魔方的练习后，往往三阶成绩也会提高。相信经过思考，你一定可以拼出来！加油！

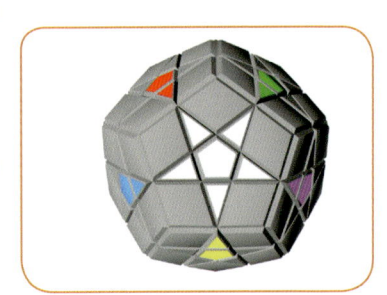

第二节　五魔方第二步：第一层

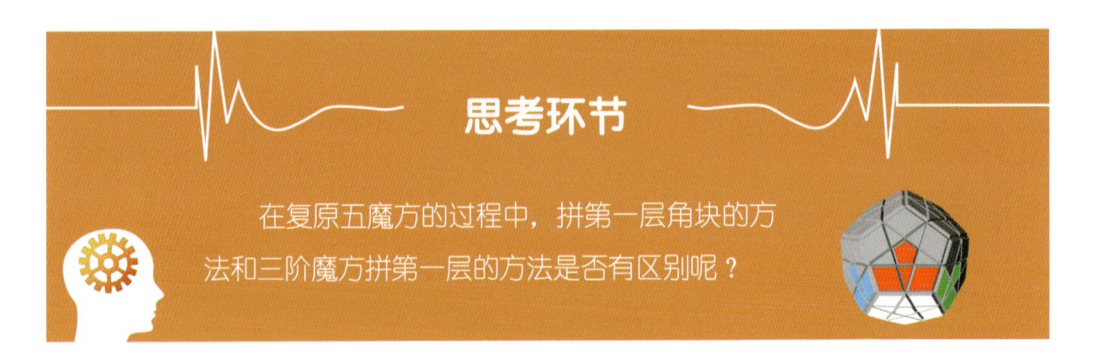

思考环节

在复原五魔方的过程中，拼第一层角块的方法和三阶魔方拼第一层的方法是否有区别呢？

此步和三阶魔方复原第一层的方法相同：找白角、定位、判断方向、做如下手法。

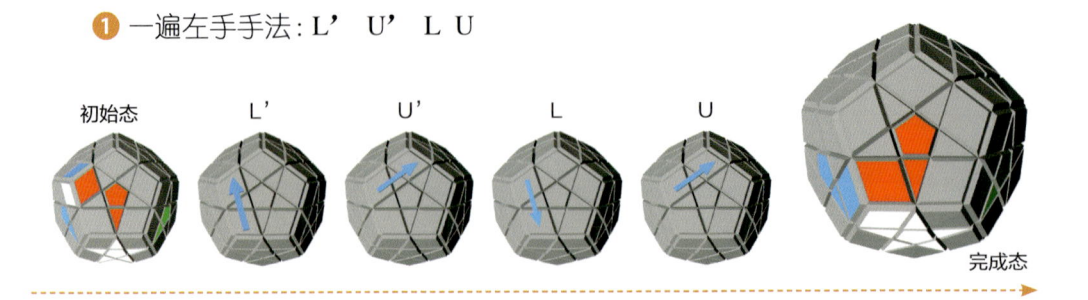

❶ 一遍左手手法：L' U' L U

初始态　L'　U'　L　U　完成态

❷ 一遍右手手法：R U R' U'

初始态　　R　　U　　R'　　U'　　　　　完成态

❸ 三遍左手手法：(L' U' L U) 3

初始态　　L'　　U'　　L　　U　　×3　　完成态

❹ 三遍右手手法：(R U R' U') 3

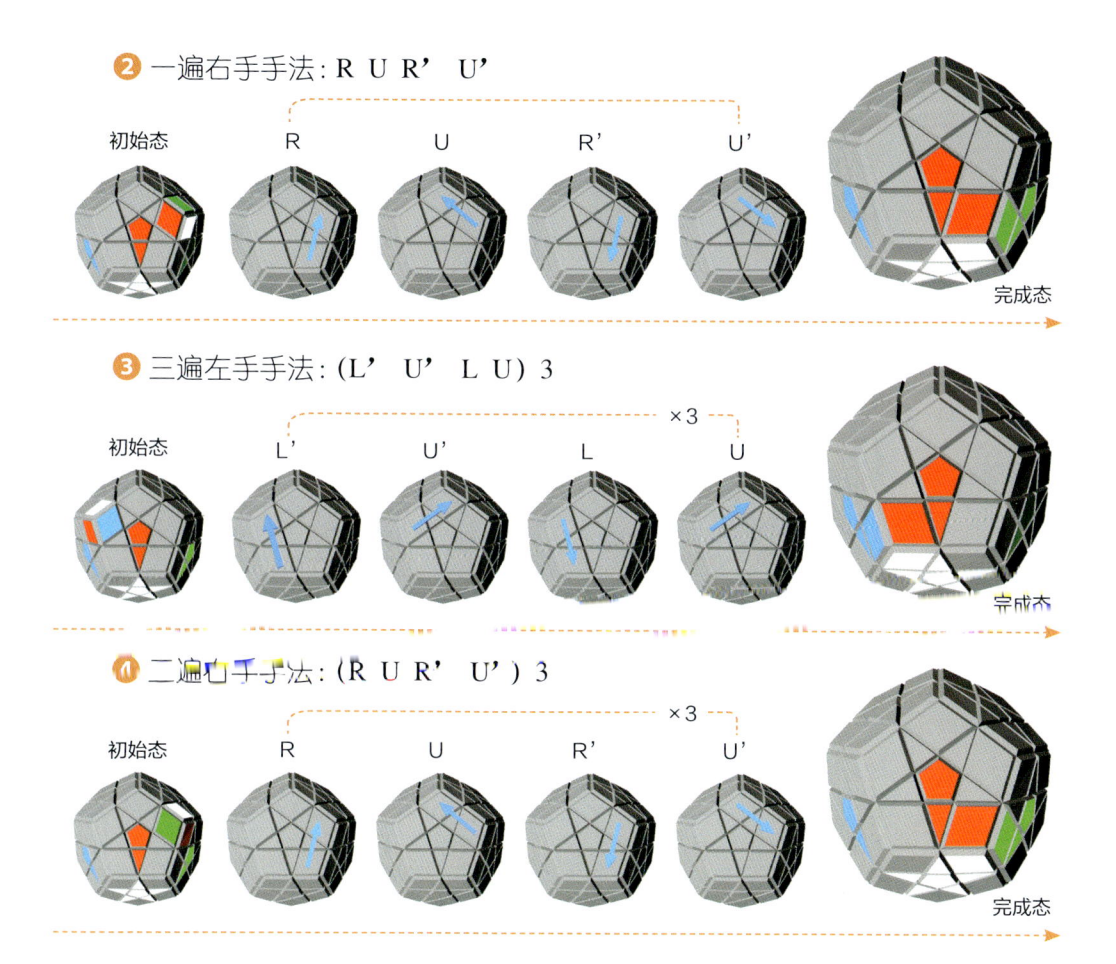

初始态　　R　　U　　R'　　U'　　×3　　完成态

这些基本上就是五魔方第一层的基本情况，跟三阶魔方完全相同，包括其中的一些特殊情况，这里不再赘述。

第三节　五魔方第三步：第二层

思考环节

我们能否用三阶魔方第二层的拼法复原五魔方的第二层呢？

复原第二层时执行操作：找棱块、大T、远离、应该去哪边做哪边手法、复原第一层。具体执行情况如下。

一、棱块应向左

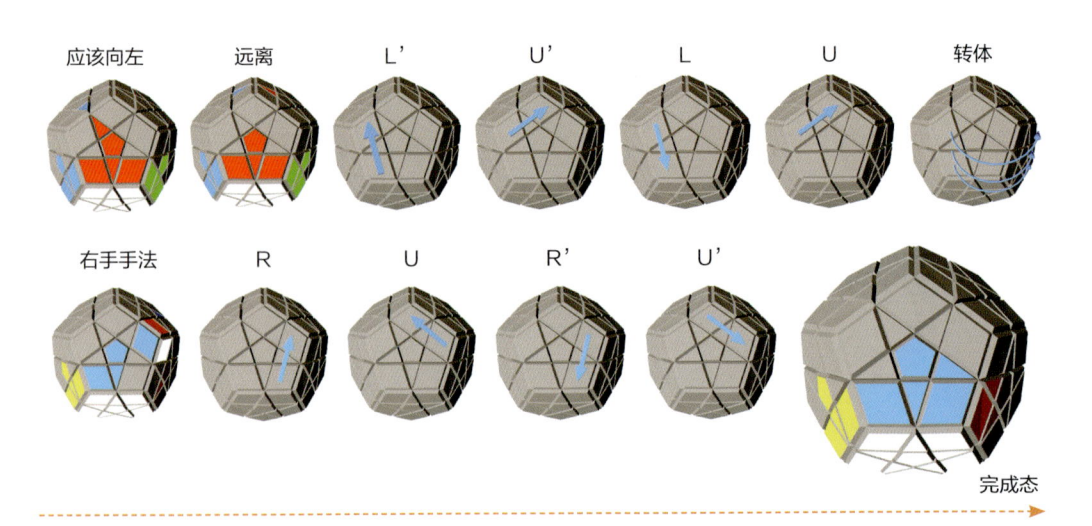

应该向左　远离　L'　U'　L　U　转体

右手手法　R　U　R'　U'

完成态

一、棱块应向右

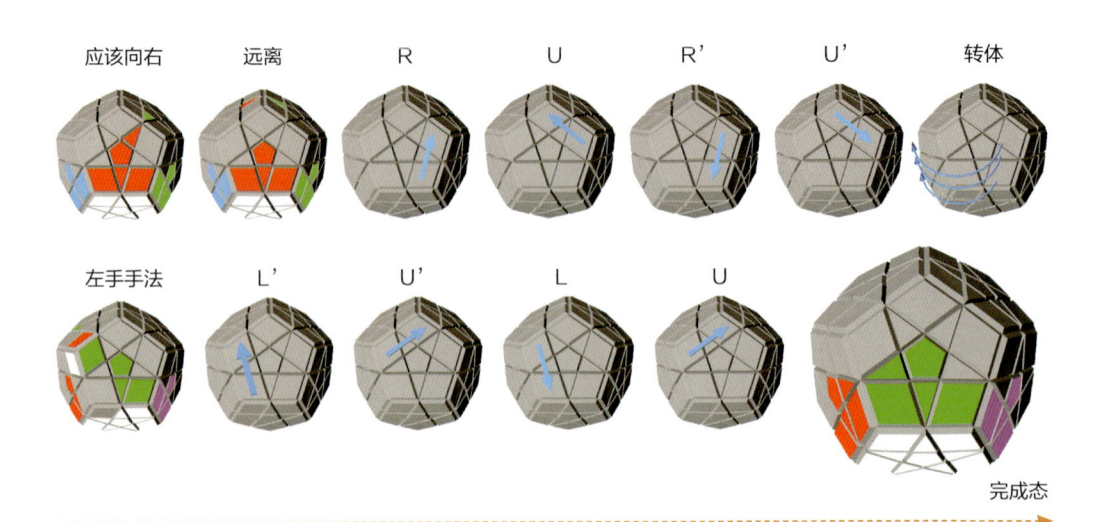

应该向右　远离　R　U　R'　U'　转体

左手手法　L'　U'　L　U

完成态

三、继续复原三个面的前两层

前两层拼好以后，我们再换一个平面继续上面的过程：五角星、第一层和第二层。但是找的时候一定要找和第一个面相邻的平面，第三个面和前两个相邻。也就是拼好第一个面之后，要把与它相邻的一圈依次拼好。比如，我习惯先复原白色，然后依次是红色、蓝色、黄色、紫色、深绿色，围绕白色依次向左复原平面的前两层。

以红色面为例，可以把红色当作底层，完成红色五角星，利用左右手拼好红色面。之后开始还原第二层，不断重复还原底层的操作方法。

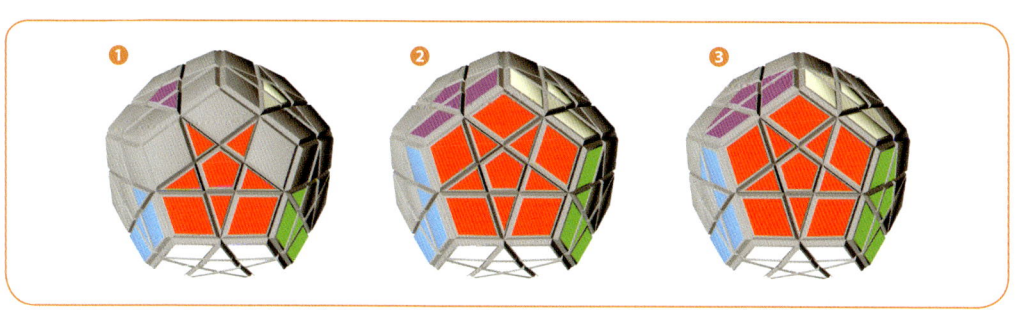

并且我们会发现，第一个面的前两层拼好后，第二个面需要拼的地方就少了很多，越往后就越少，直到所有面的前两层都拼好。唯一需要注意的是在拼的过程中不要把之前的平面破坏。

四、最后两个面

大家拼到这一步时，可能就会发现这一步存在一些问题，主要集中在如右图中标红的两块上。

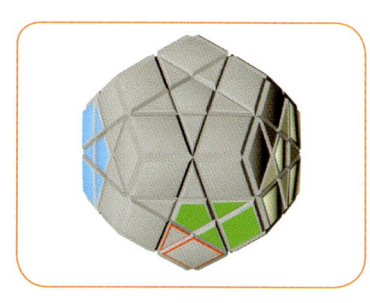

因为在拼的时候很难将这两块拼好且不破坏其他平面的块,所以这时就需要一个小技巧:Set Up 和 Reverse。

之所以这两块不好拼,原因在于它们太深了,如果把棱块转下去的话,其他平面就打乱了。既然它们下去不行,那么就让它们的目标位置 Set Up 上去。拼好之后再 Reverse 回去。

❶ 位置太深无法处理　　❷ Set Up　　❸ 棱块、角块拼好后再 Reverse 回去

完成态

怎么样?到现在为止是不是还没用到新的东西?让我们继续!

第四节　五魔方第四步:顶面五角星

思考环节

在三阶魔方中顶层第一步执行的是何种操作?能不能套用到五魔方上面呢?

本步骤的处理方法和三阶相同:前面顺时针 + 右手手法(RUR'U')+ 前面逆时针。唯一需要注意的就是五魔方的摆法,如下图所示。

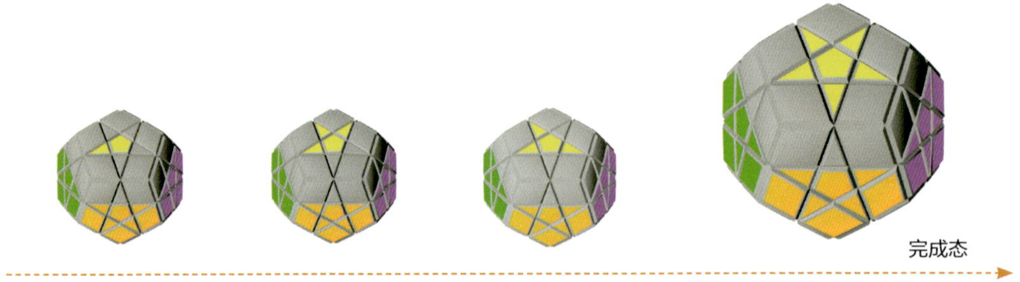

完成态

操作方法：

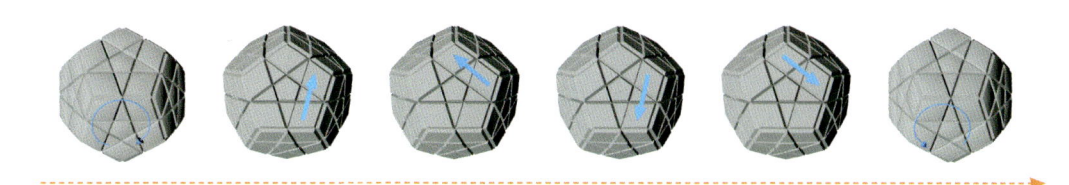

大家可以观察以上几种情况，它们都有一个共同点：顶层左侧的棱块都是黄色，前面的棱块都不是黄色。只要记住这个要点，五角星的摆法就一目了然啦！而且大家在转的时候可以观察一下，做手法时顶面发生了哪些变化，想一想为什么要这样摆放呢？这个问题就留待大家思考吧！

第五节　五魔方第五步：顶面棱块位置

思考环节

请大家自己考虑一下如何调整顶层棱块位置呢？

这一步拼的是顶面棱块侧面的颜色，也就是棱块位置。可以通过旋转顶层让尽可能多的棱块归位，一般会有两块，只有最后一种情况无论怎么找，都只能保证一个棱块位置正确。这一步共有 5 种情况。但是处理方法可以通过理解第一种情况后类比出来，大家注意，这一步只需要转动 R 和 U 层即可。

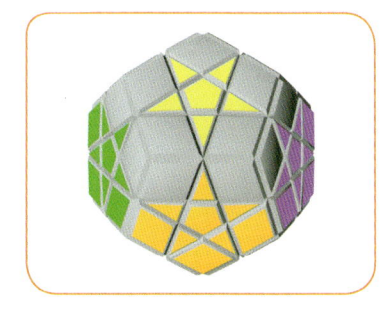

一、第一种情况

我们需要顺时针交换下面的三个棱,也就是黄橙要到黄绿的位置;黄绿要到黄紫的位置;黄紫要到黄橙的位置。

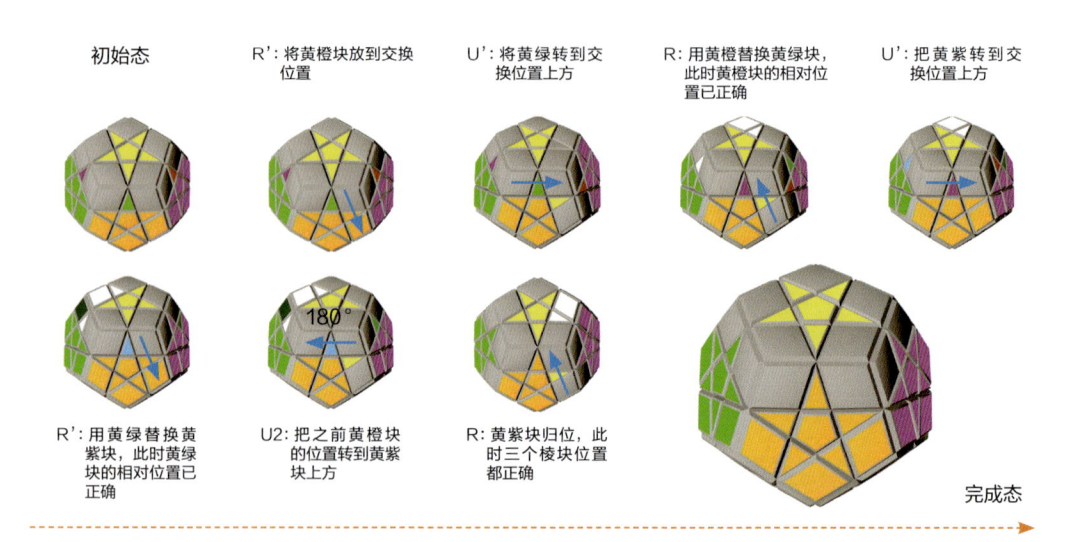

初始态

R':将黄橙块放到交换位置

U':将黄绿转到交换位置上方

R:用黄橙替换黄绿块,此时黄橙块的相对位置已正确

U':把黄紫转到交换位置上方

R':用黄绿替换黄紫块,此时黄绿块的相对位置已正确

180°
U2:把之前黄橙块的位置转到黄紫块上方

R:黄紫块归位,此时三个棱块位置都正确

完成态

总结:我们在处理顶层棱块位置时只用到了 R 和 U 层,基本原理是将使用面的一层作为交换中心,然后依次将棱块顺序交换,最终达到所有棱块位置归位的效果。后面的四种情况也可以按照这个方法理解。

二、第二种情况

公式:R' U'2 R U R' U R

三、第三种情况

公式:R' U'2 R U' R' U'2 R

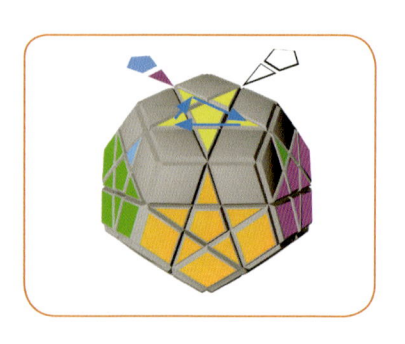

第八章 五魔方

四、第四种情况

公式：R' U2 R U R' U2 R

五、第五种情况

公式：R' U2 R U R' U R U' R' U2 R

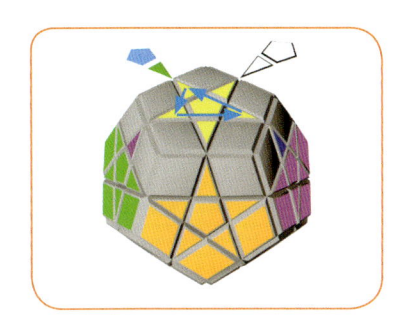

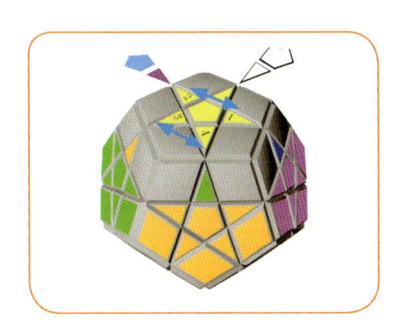

说明

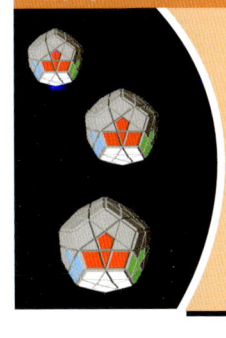

❶ 第五种情况是最复杂的，特点是只能找到一个棱块位置正确，其他的四个棱块两两左右交换。

❷ 第五种情况交换的顺序是：1-2-3-4-3-1，这样就做到了棱块的左右两两交换。这一步因为比较难理解，所以可以用上面几种情况嵌套解决。

第六节　五魔方第六步：顶面角块方向

思考环节

这一步的目标是把所有黄色角块的黄色都翻到上面来，在三阶魔方中哪一步的作用和这一步相同呢？

这一步的操作和三阶魔方调整顶面角块方向的操作方法相同：将底色放在地下室，角块方向不对的放在右下方。

① 若角块底色向右，则执行：(R U R' U') 2

② 若角块底色向前，则执行：(R U R' U') 4 或 (U R U' R') 2

③ 如果黄色角块已经向下，那么左手不动转底层，继续处理下一个角块。

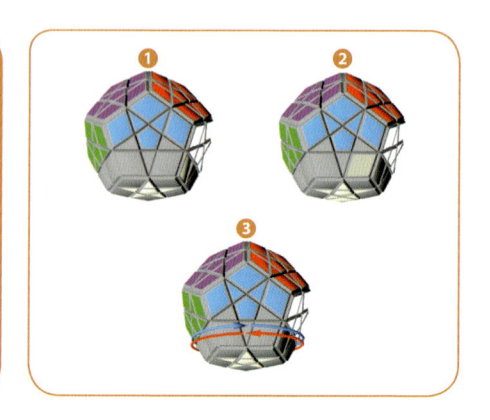

第七节　五魔方第七步：顶面角块位置

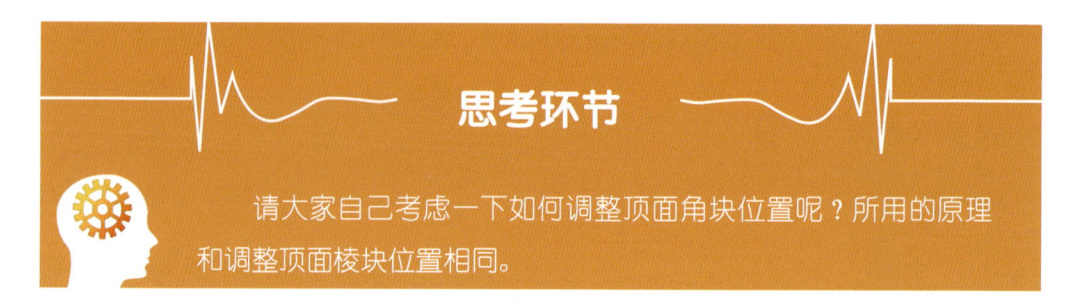

思考环节

请大家自己考虑一下如何调整顶面角块位置呢？所用的原理和调整顶面棱块位置相同。

下面只有顶面角块位置没有处理，但其实这一步的处理方法和调整顶面棱块位置的操作大同小异，也是采用了交换场的概念。

下面通过案例进行说明。

① 这种情况需要交换三个角块的位置：白紫黄、黄蓝绿、黄绿橙。先将它转到交换场，棱块复原。

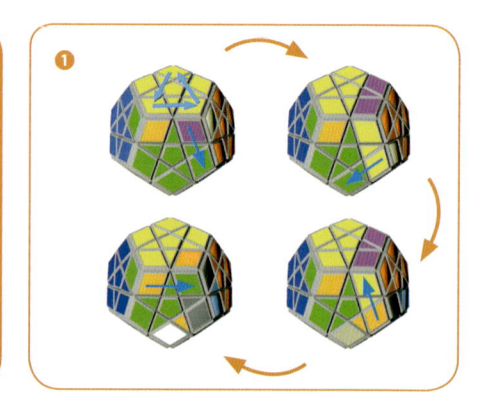

❷ 转动顶层，将需要去的位置（也就是黄蓝绿角块）转到交换场的上方。用白紫黄替换掉黄蓝绿，此时黄蓝绿已在交换场。

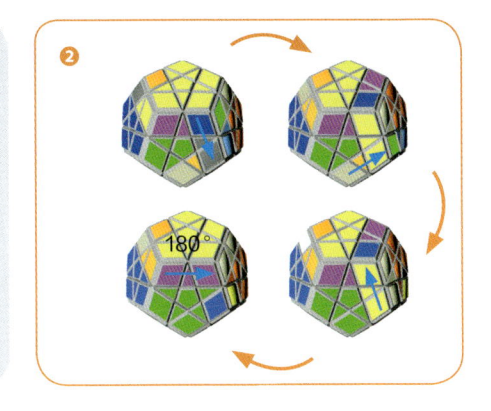

❸ 转动顶层，将需要去的位置（也就是黄绿橙角块）转到交换场的上方。用黄蓝绿替换掉黄绿橙，此时黄绿橙已在交换场。

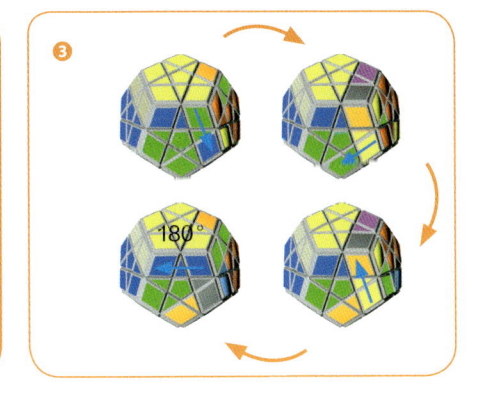

❹ 之前白紫黄的位置也就是黄绿橙应该去的位置。将黄绿橙调整位置，此时所有角块归位了！

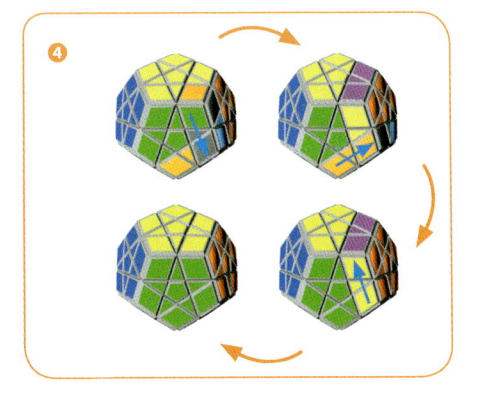

大家参考这个例子推理出其他情况，五魔方就可以顺利复原。操作到这里，真的要恭喜大家，因为"吓人"的五魔方已经不再可怕，甚至有点可爱了！

附录一

学完三阶后可以无师自通的魔方

下面这些魔方虽然看起来千奇百怪，但都是三阶魔方的变形。它们的解法和三阶魔方大同小异，相信聪明的你一定可以一一搞定，加油！

镜面魔方	粽子魔方	苹果魔方	爱心魔方

风火轮魔方	移棱	疯狂移棱	九色数独魔方

分子三阶	宝盒三阶	插销魔方	4X4X4 捆绑魔方

鬼魔	变形金刚三阶	捆绑三阶	蛋形三阶

Mefferts Pocket Cube	Venus Pillow

购买链接：
https://shymofang.taobao.com/

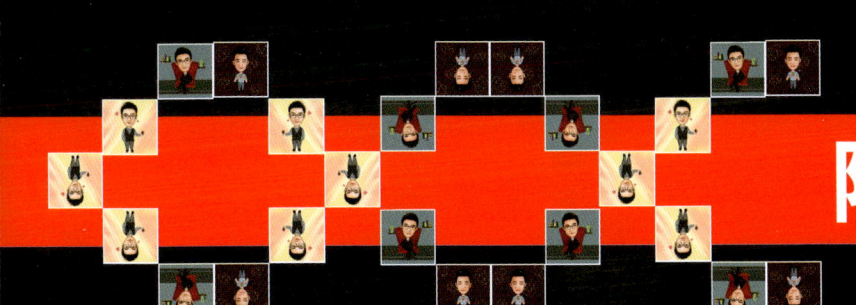

附录二

三阶魔方花样玩法

六面回字公式
U' D F' B L R' U D

四色回字公式
B2 L R B L2 B F D U' B F R2 F' L R

对称棋盘公式
L2 R2 F2 B2 U2 D2

循环棋盘公式
D2 F2 U' R2 L2 R2 D R' B F D' U L R D2 U2 F' U2

六面十字公式
B2 F' L2 R2 D2 B2 F2 L2 R2 U2 F

双色十字公式
U' D F' B L R' U' D L2 R2 F2 B2 U2 D2

六面十字公式
2 B2 F L2 R2 D2 B2 F2 L2 R2 U2 F

四色十字公式
U2 R B D B F' L' U' B F' L F L' R D U2 F' R' U2

四面十字公式
D F2 R2 F2 D' U R2 F2 R2 U'

五彩十字公式
L2 D' F2 D B D L F R' U' R' D' F L2 B F2 L

三色十字公式
B F' L2 R2 U D'

六面皇后公式
R2 B2 U2 L2 B2 U2 F2 L2 D L' R F L2 F' U' D L

六面彩条公式
F2 U2 F2 B2 U2 F B

六面五色公式
U B2 L2 B F' U F' D2 L D2 F D R2 F2 R' B' U' R'

六面三条公式 (U2 L2) 3 (U2 R2) 3 U D L2 R2	**六面六色公式** D2 U2 L2 B R2 D' L2 R2 D2 B2 F2 U' R2 B' R2
六面凹字公式 F2 L' R B2 U2 L R' D2	**六面 Q 字公式** D F2 U' B F L R' D L2 U' B R2 B' U L2 U'
六面凹字公式 U D L2 F2 U D' B2 R2 D2	**六面凸字公式** F2 R F2 R' U2 F2 L U2 B2 U2 F' U2 R D' B2 D F' D2 R F
六面 L 字公式 L R U D F' B' L R	**六面 J 字公式** D2 L2 D R2 U B2 U2 B R' B' D B2 R' F R2 F' U R'
四面 L 字公式 B F D U L2 D U' B F'	**六面彩 E 公式** F2 R2 F2 U' R' B2 F L R' U L' R U B U2 F2 D' U
四面 Z 字公式 (F B R L)3 (U D')2	**六面 T 字公式** U2 F2 R2 D U' L2 B2 D U 或者 B2 D2 L R' D2 B2 L R'
四面 I 字公式 R2 F2 R2 L2 F2 L2	**六面斜线公式** B L2 U2 L2 B' F' U2 R' B F R2 D' L R' D' U R F'
六面 C U 公式 D' U B D' L' R F D' B' D' U L	**三色斜线公式** R F2 L' D2 F2 L' R2 B' L' B' F' D' U R F' D R' B R'
四面 O 字公式 U R2 L2 U D' F2 B2 D'	**大中小魔公式** F D2 L2 B D B' F2 U' F U F2 U2 F' L D F' U

四面 E 字公式
R2 U2 F2 R2 U2 R2 F2 U2

六面环形公式
L U B' U' R L' B R' F B' D R D' F'

四面 V Y 公式
D2 R L U2 R2 L2 U2 R L

四面 C U 公式
R2 F2 B2 L2 U F2 R2 L2 B2 D'

C C T V 公式一
B2 R2 D2 U2 F2 L R' U2 L' R'

六面蛇形公式
B R L' D' R2 D R' L B' R2 U B2 U' D R2 D'

C C T V 公式二
L2 B2 R2 D2 R2 F2 U2 F2 R2 U2 R2

彩带魔方公式
D2 L' U2 F L2 D2 U R2 D L2 B' L2 U L D' R2 U'

四面斜线公式
F B L R F B L R F B L R

六面鱼形公式
L2 D B2 U R2 B2 D L' B2 F' D' U R D2 R' B2 F' U' F'

大小魔公式
F D2 B (U L')3 B' D2 F U2 R2 F2

四面方窗
L2 D2 L' D2 B2 L2 B2 L' D2 L2 B2 L' B2

四面 H
R2 L2 U2 R2 L2 D2 F2 B2 U2 F2 B2 D2

六面双环公式
B R L' D' R2 D R' L B' R2 U B2 U' D B2 R L U2 R' L' B2 D'

后 记

相信看到这里,你已经顺利完成了本书的学习。在高效人士的十大习惯中有一条:结束即开始。我也确信,你的魔方旅程才刚刚开始而不是结束,而我能教给大家的还有很多。在等待我的第二本、第三本魔方秘笈之余,你还可以通过以下方式联系我,记住"认真是最好的贵人"。

微博(孙虹烨):可以在微博上与我互动。

淘宝店(shymofang.taobao.com):可以在我的淘宝店购买性价比高和比赛性能强的魔方,并顺便"打趣"一下客服。

大家也可以在以下地方观看免费的魔方视频教程,我已经录制了300多条,并且还在不断更新中:

微信公共账号:魔方圣境。

优酷:请搜索"魔方圣境"。

当然,如果有缘分,还可以约孙老师的线下一对一课程。虽然我的行程比较紧张,但是缘分的力量是无比强大的。

在"在行"手机APP中搜索"孙虹烨"。

在"跟谁学"中搜索"孙虹烨",或者输入网址http://www.genshuixue.com/mofang。

除此之外,截至2016年8月12日,"孙虹烨魔方"在全国的加盟机构已达578家,覆盖城市113个。相信在不久的将来,就会在你的家乡看到"孙虹烨魔方"的身影。可以登录我们的官方网站查询魔方赛事活动和课程。

怎么样?孙老师真的是无处不在。希望我的朋友们,咱们有缘相见!